La Joie de Cuisiner

de Mme Simms

Recettes créoles, françaises et acadiennes de Louisiane

LAISSEZ LE BON TEMPS ROULER EN LOUISIANE!

Myrtle Landry Simms

La cuisine pour deux personnes ou plus

PELICAN PUBLISHING
NEW ORLEANS

Quinzième édition, 1988
Première édition Pelican, 2001
Deuxième impression, 2024

ISBN:9781565548428

Traduit par Dominique Raveleau et Carolyn Dural

Imprimé aux États-Unis d'Amérique
Edité par Pelican Publishing
New Orleans, LA
www.pelicanpub.com

Livre de cuisine française, créole et acadienne

Laissez le bon temps rouler en Louisiane!

par Myrtle Landry

PRÉFACE

Myrtle Landry vient d'une famille de cuisiniers et de restaurateurs. Les membres de la famille Landry sont les fondateurs et exploitants, en Louisiane, d'une chaîne de restaurants bien connus. Comme membre de ce clan, Mme Landry a créé un des plats de fruits de mer exceptionnels — filet de sole farcie — qui se trouve sur les menus de ces restaurants.

"Cuisiner en plusieurs langues," c'est naturel pour Mme Landry. Issue du côté maternel de réfugiés acadiens de la Nouvelle-Ecosse et du côté parternel d'immigrés français, elle est originaire du sud-ouest de la Louisiane. Donc, elle connaît bien les plats traditionnels de la cuisine acadienne et de la cuisine créole ainsi que la cuisine américaine.

Mme Landry a régulièrement gagné les concours de cuisine créole du Festival International du Riz à Crowley (Louisiane); ses plats de riz, de fruits de mer, de viandes et de desserts ont tous reçu des prix d'honneur. Parmi ceux-ci le Ruban Tricolore est un de première importance, grand prix qu'elle a reçu en 1958 pour sa recette de sole farcie.

Donc, il n'est pas surprenant que beaucoup de gens lui aient demandé les secrets de son succès culinaire. Complaisamment, elle a essayé de leur dire. Son secret, elle révèle, est son emploi des épices. "Les épices," explique-t-elle, "doivent relever et non pas déguiser la cuisine." Mais cette réponse ne satisfaisait point les demandeurs. Amis et étrangers de même l'ont suppliée de confier ses recettes si spéciales. Alors, finalement, elle a écrit un livre de cuisine.

Laissez le bon temps rouler en Louisiane est destiné surtout aux ménagères. Les recettes qui s'y trouvent sont réalisés pour aider la bonne cuisinière à rester économe et à l'hôtesse à être décontractée. Nombre de ces recettes peuvent être préparées à l'avance et mises au réfrigérateur jusqu'à l'heure de les mettre au four ou de les apporter à table.

Pourtant, ce livre de cuisine n'est pas destiné qu'aux ménàgères débutantes. N'importe qui peut l'utiliser et s'amuser en l'employant. L'auteur invite les cuisiniers experimentés aussi bien que les novices à essayer ses techniques culinaires et "Bon appétit!"

Bernice Larson Webb

NOTES

Quand "la moitié d'un oeuf battu" est mentionné, cela veut dire que l'oeuf doit être cassé, battu et puis replacé dans une moitié de la coquille de l'oeuf pour mesurer. C'est une vieille coutume acadienne. La batterie de cuisine était très limitée et les instruments de mesure étaient "provinciaux". Ma mère m'a enseignée cette coutume.

Le "far", comme il est appelé par les Cadiens, est un plat typique dans le sud de la Louisiane. A la base de tout far louisianais il y a le riz cuit et le roux (pâte préparé avec de la farine et l'huile).

Pour relever le goût d'un oeuf sur le plat, l'arroser d'une goutte de tasbasco. C'est une coutume éternelle de la Nouvelle-Orléans. Un congressiste louisianais a presque fait une scène au Congrès car il n'y avait pas de tabasco sur la table pour le petit déjeuner!

Pour être considéré comme "un gourmet de haute qualité", essayer d'ajouter deux ou trois cuillères de café noir, sans sucre, à la crème glacée. Délicieux!

Le "gumbo filé" est une épice faite des feuilles séchées de sassafras. Il donne de la saveur aux sauces et aux gumbos comme ne peuvent faire d'autres herbes. Le sassafras est un arbre et un arbuste. Je ne peux pas m'empêcher de faire quelques remarques sur cette épice. Elle est chez elle dans la cuisine et dans le laboratoire aussi bien que dans les parfums et les breuvages. De son essence volatile, le parfum se fait; de ses racines, on prépare une infusion qui est réputée comme un bon tonique (l'écorce de l'arbre est utilisée aussi pour préparer une infusion); et les bitters et les assaisonnements sont faits de son essence. Et voilà qu'on l'utilise dans la cuisine! Quel autre arbre peut se vanter de telles qualités?

Prendre l'habitude de faire la cuisine avec du vin. L'hôtesse qui utilise le vin dans ses recettes sera appréciée. Le contenu alcoolique du vin s'évapore pendant la cuisson et c'est le résidu qui donne de la saveur à la cuisine.

Equivalents: Mesures américaine/système métrique

1 cuillerée à table (soupe) (i.e., beurre) = 15 g.
1/4 tasse (liquide) = 1/2 dl.; 1/4 tasse (solide) = 60 g.
1/2 tasse (liquide) = 1 dl.; 1/2 tasse (solide) = 115 g.
1 tasse (liquide) = 2 dl.; 1 tasse (solide) = 225 g.
1 pint (liquide) = 1/2 l.; 1 pint (solide) = 450 g.
1 quart (liquide) = 1 l.; 1 quart (solide) = 1 kg.
1 livre = 450 g.

Janvier 1992

Le livre de recettes acadiennes de Myrtle Cécile Landry dépasse la marque des 90 000 unités vendues!

Cette année, le Festival International de Lousiana à Lafayette, en avril; le Festival annuel de riz a Crowley, en octrobre et le Festival de l'écrevisse a Breaux Bridge, en mai; sont une excellente occasion de faire réminiscence et d'attirer l'attention sur une dame très spéciale. Cette dame, tranquillement et de façon constante, joue un role important dans l'industrie du riz, du poisson, de la restauration et de la cuisine à Lafayette, et dans l'état de la Louisane, à plusieurs niveaux, depuis de nombreuses anneés.

On connaît Myrtle (Cécile) Landry Simms pour ses délicieuses recettes et sa façon d'apprêter le riz. En 1932, elle aide son père, Alzace Lewis Landry, à mettre sur pied le restaurant qui porte le nom désormais célèbre de "Don's Seafood & Steakhouse", situé à Lafayette. "Don's" fut le premier restaurant en Louisiane à servir de l'écrevisse bouillie, de l'étouffé d'écrevisse et de la plie farcie. Le père servait et préparait des dîners grillés, alors que Myrtle, avec l'aide de sa belle-soeur Maude, servait et préparait des déjeuners. Myrtle cuisinait les déjeuners chez elle, à quelques rues du restaurant, dans la maison où elle est née, et où elle vit toujours.

Les parents de Myrtle, Alzace et Elodie (Broussard) Landry ont eu 11 enfants et 125 petits, et arrière petits enfants. Chez les enfants, on retrouve Myrtle, sa soeur Lily, ses frères Don, Willie, Ashby et Roland. Tous ont, à un moment ou un autre, pris part à l'entreprise familiale.

La famille Landry continue à étendre sa chaîne de restaurants grâce aux différents membres de la famille et à de proches amis, en Louisiane, dans des endroits comme Lafayette, la Nouvelle Orléans, Henderson, Shreveport, Grand Isle, Morgan City et Monroe. La famille Landry s'est également inplantée au Texas, avec des restaurants à San Antonio, Corpus Christi, Dallas et Beaumont.

48 restaurants en tout sont rassemblés sous les noms de "Don's Seafood & Steakhouse" (10), "Don's Seafood Hut" (2), "Don's a Seafood Restaurant" (1), "Don's the Beachcomber" (1), "Landry's Seafood" (3), "Willie G's" (2), and "Jimmy G's" (1). Les autres sont "Magnolia" (1), "Pontchartrain" (2), "Floyd's" (1), "Salt Water Grill" (1), "Denis Seafood Restaurant" (1), "Chez Pastor's" (1), 'Killy's Kitchen" (1) and "A Drink to your Health", un bar à jus et restaurant. C'est de ce restaurant que nous vient le fameux "Rainbow Smoothie". Le fils de Myrtle, Allen, est propriétaire du restuarant, situé au "Napoleon House", à la Nouvelle-Orléans.

Myrtle (Landry) Simms

Tous ces restaurants s'inspirent du premier restaurant "Don's", l'original, que Myrtle ouvra avec son père. À l'époque, "Don's" possédait une des premières fermes d'écrevisses et de barbues de l'état. "Don's" posséde maintenant des bateaux pour la pêche aux crevettes, aux huîtres et aux crabes.

La mort de Don Landry, au printemps de l'année dernière fut autant une grande perte pour Myrtle et la famille Landry, que pour Lafayette et le monde de la cuisine acadienne.

Myrtle prit sa retraite en 1965 et quitta "Don's Restaurant". Cependant, elle n'arrêta pas de s'intéresser et de prendre part active au développement de la culture et de la cuisine acadienne. Myrtle demeure active et présente sur le circuit des festivals à travers l'Acadiana. Depuis 26 ans, elle écrit et commercialise ses propres livres de recettes, révision, édition, impression et d'autres détails entrourants la commercialisation d'un livre.

Myrtle ne conduit plus depuis quelques annés déjà, et se déplace en autobus et en taxi, autant à Lafayette et dans l'Acadiana, qu'à Houston et la Nouvelle-Orléans, où ses fils habitent. Elle commercialise ses livres de recettes sous le titre "Myrtle Cecile Landry's Fun Cooking Guide", dont elle a vendu plus de 80 000 exemplaires.

Sa vision allant en s'affaiblissant, Myrtle a dû modérer ses activités. Mais elle continue à garder contact par téléphone avec ses nombreux clients, amis et sa famille, tout en continuant de célébrer la vie et la cuisine.

Le fils de Myrtle, George, vit maintenant à Houston et possède une importante compagnie d'imprimerie, "The Image Maker". L'expertise et le travail de George ont grandement contribué à l'augmentation du nombre de livres de recettes que Myrtle a publié au cours des dernières années.

Mais pour Myrtle, le plus important demeure que son petit fils Robert, qui étudit à USL en hôtellerie et restauration, travaille comme second chef au Hilton de Lafayette. Récemment on lui attribuait le "Young Chef of the Year Award." Il fut choisi parmi 600 candidats et n'a que 22 ans.

Trois des dix petits enfants de Myrtle ont choisi de s'orienter en restauration: Stephen, Joseph et Cathy Simms. Et il semble que le talent et l'amour que Myrtle a investi dans la cuisine acadienne persistera à travers ses petits enfants; ses nièces, dont Marlyn Gail Dominique, Mary Marguerite, Theresa, Kitty et Betty Landry; et ses neveux, dont Don Jr., Louis, Ashby Jr., Billy, Floyd et Keith. Plusieurs amis de Myrtle sont maintenant propriétaires ou co-propriétaires de restaurants, et l'appellent tous, avec affection, tante Myrtle.

Les premiers livres de recettes du Festival de riz ainsi que de nombreux journaux rendent compte des nombreux prix et honneurs que Myrtle a remportés à travers l'Acadiana. Elle continue à participer, aussi souvent qu'elle le peut, à de nombreux festivals, et commercialise elle-même son livre de recettes –autant au niveau local, qu'international. Récemment, Myrtle traduisait son livre en français et fait important à noter: une importante maison d'édition parisienne serait interessée à commercialiser le livre.

Myrtle aura 88 ans le 12 novembre 1993. Sa joie de vivre et ses convictions religieuses profondes (typiques à la culture acadienne) l'ont soutenue au tout début du restaurant qu'elle fonda avec son père, et continuent à être sa force aujourd'hui.

Elle est très fière de son héritage cadien, de sa famille et de ses convictions. Sa compassion et sa dévotion à servir les autres la rendent chère à ceux qui la connaissent.

Myrtle Landry Simms personnifie notre culture acadienne. Elle continue à exhiber l'esprit de son héritage en prenant plaisir aux festivals, et à l'amour de sa vie: cuisiner, surtout le riz, et marcher à l'église le dimanche.

Prix décernés à
Myrtle Landry Simms

1949 1er Prix: Jambalaya de crevettes et d'huîtures
2e Prix: Timbale de crabe et saumon
1953 Grand Ruban Tricolore. Champion de la catégorie de dames:
1er Prix: Filets de limande farcis
6e Prix: Rôti au maïs
8e Prix: Tarte de thon
9e Prix: Délicies de la moisson
1956 3er Prix au Concours Créole du Riz: Suprème de poulet
1957 Juge pour le Concours Créole du Riz à Crowley
1959 Crabes Farcis
1960 2e Prix: pour les Frères Landry:
Bisque d'écrevisses
Etouffée d'écrevisses
Tarte d'écrevisses
Etouffée d'écrevisses
Limande farcie
Jambalaya d'écrevisses
Crevettes Créoles
1962 Primée dans de Livre-Souvenir de Recettes de Riz pour:
Aubergines farcies
Far de riz, choux et jambon
1963 2e Prix: Far de riz et crabes
1964 Primée au Festival du Tipsy Pudding
1972 Aritcle dans *Lafayette Daily Advertiser* sur son potager organique où elle utilise les débris de poisson et de crevettes comme engrais et les mantes-en-prière comme insecticide.
1973 3e Prix: Concours de riz
1974 2e Prix: Jambalalya de poisson ou crevettes
1975 Primée au Concours Créole de Riz
1987 *Le Senior Citizens News and Views* publie un article sur son gumbo végétarien et son chili végétarien
1992 Termine la traduction fançaise du livre de cuisine et obtient le copyright

▲ Myrtle ▲ Papa ▲ Ashby

La première "Don's Seafood Inn". Don ne figure pas sur cette photo prise durant l'automne 1942, il était dans la marine. Roland était dans la marine marchande et ne participait pas encore à l'entreprise. Willie tenait une boucherie-charcuterie juste à côté et Lily travaillait à la "Guarantee Bank".

POISSON OU FRUITS DE MER

***FILET DE SOLE FARCIE

Prix du Ruban Tricolore
(2 personnes)

450 g. de filet de sole, frais ou congelé
225 g. de chair de crabe
60 g. de beurre
1 petit oignon finement haché
2 cuil. à soupe de celéri haché
115 g. de riz cuit
45 g. de chapelure
1 cuil. à soupe de farine
1 dl. de lait
La moitié d'un oeuf bien battu (Garder l'autre moitié pour enduire le poisson)
1 pincée d'ail en poudre
1 pincée d'origan
1 oeuf dur haché
1 cuil. à café de sel
Des feuilles de papier d'aluminium
1 pincée de piment de Cayenne

Assaisonner le poisson avec le sel et le piment. (On peut l'assaisonner à l'avance et le mettre au réfrigérateur jusqu'au moment de le farcir).

Préparer une sauce béchamel en ajoutant la farine à 30 g. de beurre fondu; tourner bien; verser le lait; faire cuire et tourner jusqu'à ce que la sauce soit épaisse. Mettre de côté pour refroidir.

Faire revenir l'oignon et le celéri dans le beurre qui reste jusqu'à ce qu'ils soient tendres et transparents; ajouter la poudre d'ail et l'origan; mettre de côté et laisser refroidir.

Dans un bol, mélanger le riz, la chapelure, la béchamel, la préparation oignon et la moitié d'oeuf; tourner bien et assaisonner selon votre goût. Ajouter la chair de crabe et l'oeuf dur.

Placer le côté foncé du poisson sur la feuille d'aluminium beurrée et étaler la préparation de crabe sur le poisson; couvrir avec l'autre moitié du poisson, peau en haut. Enduire avec l'autre moitié de l'oeuf et du beurre fondu. Envelopper dans l'aluminium.

Faire chauffer le four à 175°C (4-5 au thermostat). Mettre le poisson dans un plat. Faire cuire au four pendant 30 à 35 minutes. Garnir avec du citron ou des raisins verts.

*** SECRET DU CHEF** : On peut utiliser n'importe quelle espèce de poisson tendre, comme la perche, la limande, la truite ou le saumon.

*FAR AUX CREVETTES ET AUX HUÏTRES

1er prix
(6 personnes)

670 g. de riz cuit
450 g. de crevettes fraîches, décortiquées
225 g. d'huîtres
6 cl. d'huile
35 g. de farine
1 gros oignon finement haché
1 gousse d'ail écrasée
1 feuille de laurier hachée
43 g. de céleri haché
3,5 cl. de xérès
43 g. de tomates finement hachées
15 g. de beurre
Sel et poivre
1 cuil. à café de sauce Worcestershire
Un peu de ciboule hachée
Un peu de persil haché
43 g. de poivron haché

Dans une petite marmite, faire fondre le beurre. Ajouter la moitié de l'oignon et du céleri et faire revenir. Ajouter les crevettes; les faire cuire pendant 5 minutes ou jusqu'à ce que les crevettes soient roses. Ajouter les huîtres (sans le jus); faire cuire pendant 2 minutes. Mettre de côté.

Faire chauffer l'huile dans une cocotte; ajouter la farine; tourner constamment jusqu'à ce qu'elle soit de couleur châtaigne. Retirer du feu pour éviter de brûler le mélange. Y ajouter le reste d'oignon et de céleri et faire cuire jusqu'à ce que se soit tendre. Ajouter la tomate hachée, la feuille de laurier et l'ail. Remettre la cocotte sur le feu et faire cuire pendant quelques minutes; ajouter le riz. Bien mélanger.

À ce mélange, ajouter la préparation de crevettes et d'huîtres; tourner bien. Ajouter le persil, la ciboule, le poivron, la sauce Worcestershire et le xérès. Saler et poivrer.

*** SECRET DU CHEF** : Pour maintenir le goût délicat et la consistance des crevettes et des huîtres, ne pas les faire cuire trop longtemps; sinon, comme les blancs d'oeuf, elles durciront. On peut éliminer les huîtres de cette recette.

FAR AUX CRABES

2ème Prix
(6 à 8 personnes)

450 g. de chair blanche de crabe
300 g. de riz cuit
30 g. de beurre
6 cl. d'huile
60 g. de farine
1 oignon moyen haché
60 g. de céleri haché
3,5 cl. de xérès
1 gousse d'ail écrasée
1 poivron haché
2 cuil. à soupe de ciboule hachée
2 cuil. à soupe de persil hachée
1 cuil. à soupe de sauce Worcestershire

Dans une grande poêle de fonte, préparer un roux en ajoutant la farine à l'huile chaude; faire cuire à feu doux en tournant constamment jusqu'à ce que ce mélange soit brun foncé. Retirer la poêle du feu pour que le roux ne brûle pas. Ajouter l'oignon, le céleri et l'ail; faire cuire jusqu'à ce qu'ils soient tendres, environ 5 minutes. Remettre la poêle sur le feu; ajouter le riz et le beurre; tourner jusqu'à ce qu'ils soient entièrement couverts par le roux.

Ajouter la chair de crabe, le poivron, la ciboule, le persil, la sauce Worcestershire et le xérès. Tourner doucement.

***SECRET DU CHEF:** Préparer le far une heure avant de le servir; la saveur sera meilleure.

*TIMBALE DE RIZ ET DE SAUMON

3ème Prix
(4 à 6 personnes)

670 g. de riz cuit
30 g. de beurre
175 g. de farine
2 cuil. à soupe de chapelure
1 petite boîte de tomates entières
1 petit oignon haché
1 grosse boîte de saumon sans liquide
15 g. de beurre
2 cuil. à soupe de persil haché

Dans une poêle, mélanger la farine et le beurre fondu en tournant. Ajouter l'oignon et les tomates; faire cuire 5 minutes.

Faire chauffer le four à 175°C (4-5 au thermostat).

Au fond d'une casserole bien beurrée, mettre la moitié du riz. Sur le riz, étendre la moitié du saumon. Étaler la moitié de la préparation de tomates puis saupoudrer avec la moitié du persil. Répéter avec l'autre moitié des ingrédients. Saupoudrer de la chapelure et rajouter du beurre. Mettre au four pendant 35 minutes.

*** SECRET DU CHEF:** Ce plat peut être préparé à l'avance et mis au réfrigérateur. Dan ce cas, on le met au four un peu plus longtemps.

POISSON EN COURT BOUILLON
(4 personnes)

675 g. de barbue nettoyée et coupée en petits morceaux
Sel et piment de Cayenne
1 gousse d'ail hachée
1/3 tasse d'huile
45 g. de farine
1 oignon moyen finement émincé
1 branche de céleri, finement hachée
2 cuil. à soupe de sauce tomate
115 g. de tomates entières hachées
1 feuille de laurier
1/2 cuil. à café de sucre
1 pincée d'origan
1 pincée de thym
1,5 l. d'eau
1 cuil. à soupe de persil haché
1 cuil. à soupe de ciboule hachée
3,5 c. de xérès
La moitié d'un citron

Bien assaisonner le poisson avec le sel, le piment et l'ail; mettre dans un plat, couvrir et mettre au réfrigérateur plusieurs heures avant la cuisson.

Préparer un roux en faisant chauffer l'huile dans une grande poêle de fonte; ajouter la farine; tourner constamment; faire cuire à feu doux jusqu'à ce que le roux soit d'un brun rougeâtre. Retirer du feu pour qu'il ne brûle pas; ajouter l'oignon et le céleri; tourner constamment; faire cuire pendant 4 ou 5 minutes. Remettre sur le feu.

Ajouter les tomates, la sauce tomate, la feuille de laurier, le sucre et l'eau et tourner; quand le mélange bout, reduire le feu, couvrir la poêle hermétiquement et faire mijoter pendant 45 minutes. Ajouter le poisson, l'origan, le thym et le citron; faire mijoter 20 minutes de plus.

Ajouter le persil, la ciboule et le xérès, faire cuire 1 minute de plus. Servir dans une assiette creuse avec une portion de riz.

*** SECRET DU CHEF:** Si le bouillon est préparé à l'avance, il sera meilleur; le réchauffer complètement puis ajouter la ciboule, le persil et le xérès. On peut utiliser plusiers sortes de poissons dans ce courtbouillon, comme la perche, le rouget ou le saumon.

AUBERGINES FARCIES AU CRABE

(2 personnes)

675 g. à 1 kg. d'aubergines
1 gousse d'ail écrasée
225 g. de crabe cuit
30 g. de beurre
1 pincée de thym
6 cl. d'eau
2 cuil. à soupe d'huile
1 oignon moyen finement haché
2 cuil.à soupe de céleri haché
1/2 cuil. à café de piment de cayenne
2 tranches de pain rassis trempées dans 12 cl. de lait
La moitié d'un oeuf battu, (garder l'autre moitié)
1 pincée d'origan
2 cuil. à soupe de chapelure pour la farce
2 cuil. à soupe de chapelure pour la garniture

Couper les aubergines en deux dans le sens de la longueur. Pour évider une aubergine, commencer en coupant autour des bords avec un couteau de cuisine. Laisser 3/4 cm.

Continuer en vidant la pulpe en prenant soin de ne pas briser l'enveloppe. Mettre de côté.

Dans un litre d'eau salée, mettre l'aubergine évidée, côté coupé en bas; couvrir et faire cuire 10 minutes. Égoutter; frotter la peau avec l'huile et mettre dans un plat à four peu profond.

Couper la pulpe en petits morceaux. Mettre ces morceaux, l'eau et le beurre dans une marmite; couvrir et faire cuire à feu doux pendant 15 minutes jusqu'à ce que les morceaux de pulpe soient tendres; tourner de temps en temps. Enlever le couvercle et laisser réduire (environ 5 minutes).

Dans une autre petite marmite, faire revenir l'oignon, le céleri et l'ail dans l'huile jusqu'à qu'ils soient tendres, environ 5 minutes, en tournant constamment; ajouter le pain trempé. Faire cuire jusqu'à ce que le mélange soit homogène.

Ajouter l'aubergine cuite; bien tourner. Assaisonner avec l'origan, le thym, le sel et le piment et mettre de côté pour laisser refroidir.

Quand le plat est refroidi, ajouter l'oeuf battu, la chapelure et le crabe; assaisonner encore si nécessaire.

Mettre la préparation dans les aubergines évidées; saupoudrer avec la chapelure.

Faire chauffer le four à 175°C (4-5 thermostat). Faire cuire pendant 20 minutes. Ce sera meilleur si l'aubergine farcie est mise au réfrigérateur quelques heures avant la cuisson.

*** SECRET DU CHEF:** À la place du crabe, on peut utiliser des crevettes ou, mieux encore, les deux à la fois. Ajouter les crevettes crues à la préparation cuite de pulpe d'aubergine et faire cuire 5 minutes de plus.

CRABES FARCIS

(2 personnes)

300 g. de crabe
60 g. de beurre
1 petit oignon finement haché
30 g. de céleri
1 pincée d'origan
2 cuil. à soupe de chapelure
1 gousse d'ail écrasée
2 cuil. à soupe de chapelure
2 tranches de pain rassis trempées dans 12 cl. de lait
Quelques gouttes de tabasco
1 pincée de poudre de clou de girofle
1/2 cuil. à café de sel
1 oeuf bien battu
1 cuil. à soupe de ciboule hachée
1 cuil. à soupe de persil haché

Mettre du beurre dans 4 carapaces de crabe, dans des ramequins individuels ou dans une timbale.

Faire revenir l'oignon, le céleri et l'ail dans le beurre jusqu'à ce qu'ils soient tendres, en tournant constamment (environs 5 minutes). Ajouter le pain trempé, le clou de girofle, l'origan, le tabasco, le sel et le poivre. Tourner et faire cuire environ 5 minutes jusqu'à ce que la préparation soit lisse. Ajouter l'oeuf battu et faire cuire environ 3 minutes, en tournant constamment; laisser refroidir.

Incorporer la chair de crabe à la préparation cuite; sans l' éraser. Mettre cette préparation de crabe dans les carapaces, les ramequins ou la timbale. Mettre au four chauffé à 175°C (4-5 au thermostat) pendant 20 minutes.

* **SECRET DU CHEF:** Si la préparation est faite à l'avance et mise au réfrigerateur, c'est encore meilleur.

RAGOÛT D'ÉCREVISSES

(4 personnes)

300 g. d'écrevisses décortiquées
60 ml. d'huile
1 cuil. à soupe de ciboule
30 g. de farine
1 cuil. à soupe de persil haché
1 petit oignon haché
1 branche de céleri hachée
1 gousse d'ail écrasée
90 g. de tomates entières, en boîte ou fraîches, hachées

4,5 dl. d'eau froide
4 dl. d'eau froide mélangée avec 60 g. de graisse d'écrevisses
1 cuil. à café de sel
1/4 cuil. à café de sucre
1/4 cuil. à café de cayenne

Dans une poêle de fonte, préparer un roux en ajoutant la farine à l'huile chauffée; faire cuire à feu doux; tourner constamment jusqu'à ce que le roux soit brun doré foncé. Retirer du feu pour que le roux ne brûle pas. Ajouter l'oignon, l'ail et le céleri; les faire cuire 5 minutes ou jusqu'à ce qui'ils soient tendres. Tourner; remettre sur le feu et ajouter 4 dl. d 'eau, les tomates, le sucre, le sel et le piment; faire cuire à feu vif en tournant jusqu'à ce que la sauce mijote. Réduire encore le feu.

Pendant que la sauce mijote, mélanger l'eau qui reste avec le gras d'écrevisse dans une grande casserole; faire cuire à feu vif en tournant constamment jusqu'à ébullition.

Ajouter la sauce d'écrevisse et l'eau et laisser mijoter pendant 1 heure. Assaisoner avec le sel et le poivre. Ajouter les queues d'écrevisse, la ciboule et le persil. Servir dans des assiettes creuses avec une portion de riz.

*** SECRET DU CHEF:** Le ragoût d'écrevisses est meilleur s'il est préparé à l'avance et réfrigéré. Pourtant, n'ajouter les queues d'écrevisse, le persil et la ciboule qu'au moment de servir. Les queues d'écrevisse durcissent et foncent si elles sont trop cuites, il faut donc les faire cuire pendant 5 minutes, pas plus. Elles sont un peu comme les oeufs, les crevettes et les huîtres.

Bisque d'écrevisse

*** SECRET DU CHEF:** Préparer la recette des têtes d'écrevisse bisques frites mais mettre au four environ 15 minutes à 175°C (4-5 au thermostat). Rajouter au ragoût. Servir avec le riz cuit. Préparer 4 têtes farcies par personne.

JAMBALAYA

(4 personnes)

200 g. d'écrevisses décortiquées
1 oignon moyen haché, divisé en 2
200 g. de riz cru
1 l. d'eau mélangé au gras d'écrevisse
1 pincée de noix de muscade
90 g. de tomates entières coupées en petits morceaux
2 cuil. à café de ciboule hachée
1 branche de céleri, finement hachée
1 gousse d'ail, écrasée
45 g. de beurre
1 pincée d'origan
1 cuil. à café de sel
2 cuil. à café de persil haché

Utiliser une grande poêle de fonte. Préparer un roux en ajoutant la farine à l'huile chauffée à feu moyen; tourner constamment jusqu'à ce que le roux soit brun doré. Retirer la poêle du feu pour que le roux ne brûle pas. Ajouter la moitié d'oignon haché, en tournant constamment, jusqu'à ce qu'il soit tendre; ajouter l'ail, le céleri, les tomates, le sel et le riz. Remettre la poêle à feu moyen en tournant constamment. Ajouter l'eau, en tournant jusqu'à ébullition. Bien couvrir d'un couvercle et réduire le feu. Faire cuire environ 25 minutes, en tournant de temps en temps avec une fourchette pour que cela n'attache pas.

Pendant que le riz cuit, faire revenir l'oignon qui reste dans du beurre. Ajouter les queues d'écrevisse sans les faire trop cuire, seulement 2 ou 3 minutes en tournant constamment. Ajouter l'origan, la noix de muscade et 1/2 cuil. à café de sel.

Ajouter les écrevisses cuites quand le riz est cuit; bien mélanger. Faire cuire encore 5 minutes. Avant de servir, ajouter le persil et la ciboule.

TARTE AUX ÉCREVISSES

(4 personnes)

Assez de pâte pour 4 tartes individuelles (ou pour 2 grandes)
1 pincée de thym
300 g. d'écrevisses décortiquées, la graisse d'écrevisse, mélangée avec assez d'eau pour faire 4 dl.
1 cuil. à soupe de ciboule hachée
Sel et piment de Cayenne
1 pincée de noix de muscade
3 cuil. à soupe d'huile
1 oignon moyen finement haché
30 g. de céleri haché
1 gousse d'ail écrasée
8 cl. de sauce tomate
8 cl. d'eau
1 cuil. à soupe de persil
4 cuil. à soupe de maïzena
2 cuil. à soupe de beurre

Faire revenir l'oignon, le céleri et l'ail dans l'huile jusqu'à ce qu'ils soient tendres. Retirer la moitié de cette préparation de la poêle.

Au reste, ajouter la sauce tomate, l'eau et la graisse d'écrevisse; faire cuire à feu moyen et porter à ébullition, puis ajouter peu à peu la maïzena et l'eau. Tourner jusqu'à ce que la sauce soit épaisse. Assaisonner avec la noix de muscade, le thym, le sel et le piment. Mettre de côté.

Dans une casserole, ajouter les queues d'écrevisse et le beurre à l'oignon qui reste. Faire cuire 2 à 3 minutes.

Mélanger la sauce, les écrevisses, la ciboule et le persil. Laisser refroidir puis verser en portions égales dans 4 moules foncés de pâte. Mouiller les bords de la pâte, couvrir avec le deuxième cercle de pâte et les appuyer bien l'un sur l'autre. Piquer avec une fourchette. Mettre au four chauffé à l'avance à 230°C (6-7 au thermostat), pendant 15 minutes.

*** SECRET DU CHEF:** Bon appétit! Préparer les tartes d'écrevisse à l'avance et les mettre au réfrigérateur avant de les faire cuire au four.

GUMBO FILÉ

(4 personnes)

300 g. d'écrevisses décortiquées
35 g. de farine
30 g. de beurre
Graisse d'écrevisse et assez d'eau pour faire 3,75 l. de liquide
1 cuil. à soupe de ciboule hachée
6 cl. d'huile
1 gousse d'ail, écrasée
225 g. de tomates entières hachées, en boîte ou fraîches
1 branche de céleri hachée
Sel et poivre
1 feuille de laurier
1 cuil. à soupe de persil haché
1 oignon, haché
Gumbo filé (épice faite des feuilles de sassafras)

Dans une grande marmite de fonte, préparer un roux en ajoutant la farine à l'huile chauffée; faire cuire à feu moyen en tournant constamment jusqu'à ce que le roux soit brun doré foncé. Retirer la poêle du feu pour que le roux ne brûle pas. Ajouter l'oignon, l'ail et le céleri; tourner et faire cuire jusqu'à ce qu'ils soient tendres (3 à 4 minutes). Remettre sur le feu et ajouter les tomates; faire cuire 5 minutes. Ajouter la graisse d'écrevisse, l'eau et la feuille de laurier. Tourner jusqu'à ébullition. Reduire le feu et laisser mijoter.
Saler et poivrer. Couvrir hermétiquement et faire cuire une heure.

Dans une marmite, mettre le beurre, la ciboule et les queues d'écrevisse. Faire cuire 2 ou 3 minutes. Ajouter au gumbo.

Servir dans des assiettes creuses avec le riz cuit et une demi-cuillerée à café de gumbo filé par assiette.

*** SECRET DU CHEF:** Bon appétit! Préparer le gumbo des heures à l'avance mais ne pas ajouter la préparation de queues d'écrevisse car elles fonceront et durciront. Faire chauffer et ajouter cette préparation au gumbo avant de le servir. Le gumbo sera meilleur ainsi.

COCKTAIL DE CREVETTES

450 g. de crevettes crues
1 cuil. à soupe de céleri râpé
2 cuil. à café de sel
4 dl. d'eau

Dans une petite marmite, faire bouillir l'eau avec le sel et le céleri; ajouter les crevettes; faire bouillir 5 minutes jusqu'à ce que les crevettes soient roses. Vider l'eau. Mettre un couvercle sur la marmite et laisser refroidir les crevettes. Décortiquer les crevettes.

La sauce:

Dans un petit bol, mélanger:

1/2 cuil. à café de sel
1 cuil. à café de paprika
1 cuil. à café de sucre
1/2 cuil. à café de sel d'oignon
1/2 cuil. à café de sel de céleri
1 cuil. à café de moutarde

Ajouter en alternance les ingrédients ci-dessus aux suivants: 1 dl. d'huile de salade et 0,5 dl. de vinaigre de cidre. La sauce s'épaissira. Mélanger la sauce, les crevettes, 1 oignon moyen émincé, la moitié d'un citron pressé, 1 cuil. à soupe de persil haché et 2 cuil. à soupe de câpres hachées.

Tourner et mettre dans un plat couvert; laisser mariner pendant 24 heures au réfrigérateur.

* SECRET DU CHEF: On peut laisser mariner pendant 24 heures la chair de crabe dans cette sauce.

JAMBALAYA AUX CREVETTES

3eme prix au Festival International du Riz

450g. de crevettes décortiquées
2 cuil. à soupe de beurre
5cl. d'huile
2 cuil. à soupe de farine
1 cuil. à café de sel
225g. d'oignon haché
350g. de riz
un peu plus de 1/2l. d'eau
2 gousses d'ail émincées et assaisonnées d'un tout petit morceau de laurier
150g. de tomates coupées en morceaux
un peu de persil haché un peu de ciboule, un peu de piment
120 g. de céleri haché
1 citron en rondelles

Dans une marmite épaisse, faire chauffer l'huile et ajouter la farine. Faire cuire en remuant à feu moyen jusqu'à ce que le mélange devienne brun, puis ajouter l'oignon et le laisser cuire jusqu'à ce qu'il devienne tendre. Ajouter les tomates, le céleri, l'ail, le laurier et 1/4l. d'eau. Laisser cuire environ 10 minutes, en tournant de temps en temps. Puis rajouter le riz, le poivre rouge et l'eau. Quand le mélange arrive à ébullition, réduire le feu et couvrir hermétiquement. Faire cuire pendant 15 minutes de plus, ne pas découvrir et laisser reposer 15 minutes de plus.

Pendant ce temps, faire fondre le beurre et y ajouter les crevettes assaisonnées. Faire cuire en tournant constamment pendant 8 à 10 minutes, elles doivent devenir roses.

Les mettre ensuite dans la préparation de riz. Laisser le jambalaya couvert un moment pour qu'il acquiert toute sa saveur. Puis ajouter le persil, la ciboule et le piment. Servir avec des tranches de citron.

*** SECRET DU CHEF:** On peut ajouter quelques huîtres à la préparation. Les faire cuire 2 minutes avec les crevettes.

CREVETTES À LA CRÉOLE

(2 personnes)

225 g. de crevettes décortiquées et lavées
1 dl. de sauce tomate
1 feuille de laurier
1/4 de jus de citron
2,5 dl. d'eau
1 1/2 cuillerées à soupe d'huile
Liquide de crevettes bouillies
1 petit oignon, haché
Un peu de ciboule hachée
1 gousse d'ail, écrasée
Un peu de persil haché
225 g. de tomates entières, fraîches ou en boîte
1/2 cuil. à café de sucre
1 petit morceau de poivron finement haché
1 petite pincée de basilic
1 pincée de muscade
1 petit morceau de feuille de laurier
1 petite pincée de piment de cayenne
1/2 cuil. à café de maïzena

Dans une casserole, mettre l'eau, le sel, la feuille de laurier, le citron et les crevettes. Faire cuire à feu moyen. Quand l'eau bout, mettre le couvercle et faire cuire 5 minutes. Égoutter et garder le liquide.

Faire revenir l'oignon et l'ail dans l'huile, jusqu'à ce qu'ils soient tendres; ajouter les tomates, le bouillon de crevettes, le sucre et le poivron. Réduire le feu et faire mijoter pendant 15 minutes. Ajouter le basilic, la noix de muscade, le piment de cayenne et le sel; faire mijoter quelques minutes de plus.

Préparer une pâte de maïzena avec 2 cuil. à soupe d'eau. La verser dans la sauce; tourner et faire cuire jusqu'à ce que la sauce soit épaisse.

Quand c'est prêt à servir, ajouter les crevettes bouillies, le persil et la ciboule. Servir avec du riz cuit.

* **SECRET DU CHEF:** Pour relever la saveur, faire bouillir les crevettes et préparer la sauce à l'avance mais ne pas ajouter les crevettes à la sauce avant de servir. Bon appétit!

GUMBO AUX CREVETTES

450 g. de crevettes fraîches décortiquées
180 g. de tomates entières, fraîches ou en boîte
1 petit morceau de poivron finement haché
Sel et piment de Cayenne
1 cuil. à soupe de persil
1 branche de céleri hachée
45 g. de farine
1 oignon moyen, haché
60 ml. d'huile
1 feuille de laurier
1 gousse d'ail écrasée
1 cuil. à soupe de ciboule
2 l. d'eau avec bouillon de crevettes

Mettre les crevettes dans un demi-litre d'eau avec 1 cuil. à soupe de sel. Faire cuire à feu moyen pendant à peu près 5 minutes ou jusqu'à ce que les crevettes soient roses. Arrêter le feu et laisser couvert pendant 3 minutes. Égoutter et garder le bouillon pour le gumbo.

Dans une grande casserole de fonte, ajouter la farine à l'huile chaude. Faire cuire en tournant constamment jusqu'à ce que cette pâte soit brune. Retirer du feu et ajouter immédiatement l'oignon et l'ail; faire cuire 4 minutes; remettre sur le feu; ajouter le poivron, la feuille de laurier, le bouillon de crevettes avec l'eau qui reste et des crevettes séchées (facultatif). Quand le mélange bout, ajouter les tomates en tournant jusqu'à nouvelle ébullition. Réduire le feu et laisser mijoter pendant 1 heure, couvert.

Ajouter les crevettes cuites, la ciboule et le persil au gumbo juste avant de le servir.

* SECRET DU CHEF: Ajouter un oeuf dur haché pour améliorer la présentation. On peut utiliser quelques crevettes séchées pour relever la saveur.

SPAGHETTI AUX HUITRES A L'ACADIENNE
(2 personnes)

1 boite de 350g. d'huîtres ou 2 douzaines et demie
1/2 cuil. à café de sucre
2 cuil. à soupe d'huile
2 cuil. à soupe de farine
1 petit oignon haché
2 cuil. à soupe de sauce tomate
1 morceau de poivron haché
1/4 l. d'eau (y compris le jus d'huîtres)
60g. de spaghetti cuits
sel et poivre
120g. de tomates entières

Mettre les huîtres dans une casserole et les faire cuire jusqu'à ce que leur jus commence à frémir, elles vont gonfler. Verser dans une passoire en conservant le jus. Garder les huîtres de côté et ajouter leur jus à l'eau.

Dans une marmite épaisse, faire chauffer l'huile et y ajouter la farine en tournant constamment, jusqu'à ce que le mélange devienne brun, ajouter l'oignon et laisser cuire jusqu'à ce qu'il devienne tendre. Puis rajouter l'ail, les tomates, la sauce tomate, le poivron et l'eau. Laisser cuire pendant environ 20 minutes, puis ajouter les spaghetti. Assaisonner et ajouter les huîtres juste avant de servir.

* **SECRET DU CHEF:** Ma mère ainsi que tout le monde en Louisiane, sert les spaghetti mélangés à la sauce, alors que les Italiens les servent séparément.

* **SECRET DU CHEF:** Quand j'ai besoin de sauce tomate et de tomates entières en boîte, j'achète généralement la boite la plus grosse. J'utilise ce dont j'ai besoin pour la recette, puis je remplis deux bacs à glaçons, je les congèle et je les mets dans des sachets de plastique au freezer.

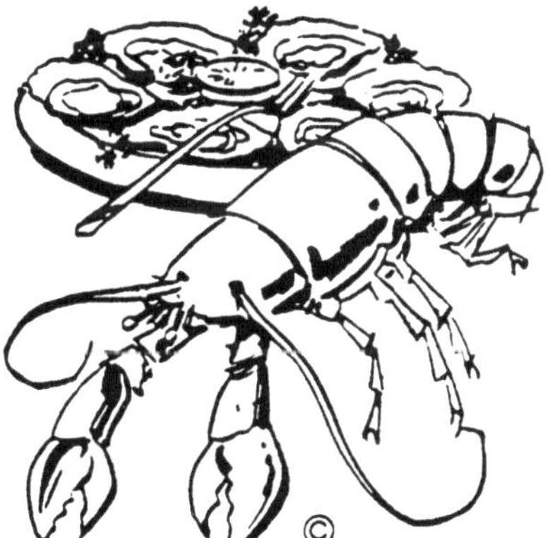

CREVETTES FRITES

(2 personnes)

225 g. de crevettes, décortiquées et lavées
1/2 cuil. à café de sel
1 cuil. à soupe de vinaigre
2 cuil. à soupe d'oignon émincé
2 gouttes de tabasco
70 g. de chapelure
1 cuil. à café d'huile
Poivre
3 cuil. à soupe de farine
La moitié d'un oeuf battu (garder l'autre moitié)
2 cuil. à soupe de lait (mélangées avec l'oeuf battu)

Faire mariner les crevettes dans le sel, le poivre, l'ail, l'oignon, le tabasco, l'huile et le vinaigre. Les mettre dans un plat couvert puis laisser mariner au réfrigérateur pendant quelques heures.

Au moment de les faire frire, enlever l'assaisonnement (l'ail et l'oignon) des crevettes, saupoudrer chaque crevette de farine puis les tremper dans le mélange de lait et d'oeuf. Ne pas laisser les crevettes dans le lait et l'oeuf trop longtemps (les tremper vite!). Enfin, saupoudrer de chapelure.

Faire frire les crevettes dans l'huile chaude jusqu'à ce qu'elles soient dorées.

RAGOÛT DE CREVETTES À LA LOUISIANAISE

225 g. de crevettes fraîches, décortiquées et lavées et coupées en longueur
2 oeufs durs, coupés en quatre
3 cuil. à soupe de farine
2 cuil. à soupe d'huile
1 cuil. à café de sel
2 dl d'eau
1/4 cuil. à café de cayenne
1 pincée de noix de muscade
1 petit oignon finement haché
115 g. de tomates entières hachées (fraîches ou en boîte)
1/2 d'une gousse d'ail, hachée
1 dl. d'eau

Faire bouillir les crevettes dans l'eau salé pendant 5 minutes. Égoutter et garder le bouillon; mettre les crevettes dans un plat couvert. Mettre de côté.

Dans une marmite de fonte, préparer un roux avec la farine et l'huile. Tourner constamment jusqu'à ce que le roux soit brun; retirer la marmite du feu. Ajouter l'oignon et l'ail au roux et laisser cuire 3 ou 4 minutes. Remettre la marmite sur le feu. Ajouter les tomates, l'eau, la noix de muscade et le bouillon de crevettes; faire cuire à feu moyen pendant à peu près 15 minutes. Ajouter les crevettes et les faire réchauffer. Saler et poivrer encore.

* **SECRET DU CHEF:** Servir avec du riz cuit dans une assiette creuse et garnir avec les oeuf durs. Ce plat est délicieux quand il est accompagné d'une salade. On peut substituter les huîtres aux crevettes pour varier la recette.

CRABE AU GRATIN À LA MYRTLE

450 g. de crabe
3 dl. 1/2 de lait
45 g. de beurre
70 g. d'oignon ou d'échalote (finement haché)
38 g. de fromage râpé
1 jaune d'oeuf, bien battu
38 g. de céleri haché
1 cuillerée à soupe de farine
2 cuil. à soupe de jus de citron
1/2 cuil. à café de moutarde
115 g. de fromage râpé (au choix)
1 petite pincée de muscade poivre blanc, piment rouge fort ou piment de cayenne
3 cuil. à soupe de chapelure
1 pincée de paprika

Dans une marmite de fonte, faire fondre le beurre à feu moyen; ajouter l'oignon et le céleri. Faire revenir en tournant de temps en temps jusqu'à ce que l'oignon soit tendre et transparent. Ajouter la farine; bien mélanger. Ajouter le lait en tournant constamment jusqu'à ce que la sauce soit lisse. Ajouter le poivre, la noix muscade, la moutarde et le fromage.

Retirer la marmite du feu. Battre le jaune d'oeuf et ajouter le jus de citron. Puis ajouter le crabe; bien mélanger.

Beurrer un plat à four ou des plats pour des portions individuelles. Mettre la préparation de crabe.

Mélanger le fromage et la chapelure et l'utiliser pour saupoudrer la préparation de crabe. Puis ajouter une pincée de paprika. Faire cuire au four 15 ou 20 minutes jusqu'à ce qu'une croûte brune se forme.

VOLAILLE

SAUCE AUX ABATS DE POULET

(6 personnes)

225 g. d'abats cuits et
4 foies de poulet (facultatif)
3 dl. de bouillon de poulet
30 g. de beurre
Sel et poivre
1 petit oignon finement haché
La moitié d'une gousse d'ail finement émincée
1 1/2 cuil. à café de maïzena mélangée avec 1/2 dl. d'eau

Dans une marmite, faire revenir l'oignon et l'ail jusqu'à ce qu'ils soient tendres; ajouter les foies et faire cuire 5 minutes; hacher les foies finement. Mettre de côté.

Dans une autre marmite, faire réchauffer le bouillon à feu moyen; mélanger la maïzena avec l'eau petit à petit; ajouter au bouillon et tourner jusqu'à ce qu'il soit épais et lisse; ajouter les abats, les foies et l'oignon. Faire réchauffer et assaisonner.

Servir avec le poulet ou le far au pain de maïs.

TIMBALE DE RIZ VERT

400 g. de riz
115 g. de beurre
50 g. de ciboule hachée
1 petit oignon finement haché
60 g. de persil haché
1 blanc d'oeuf, bien battu
Poivre blanc

Faire revenir l'oignon dans 30 g. de beurre jusqu'à ce qu'il soit tendre. Mettre de côté.

Faire cuire le riz. Pendant que le riz est encore chaud, ajouter l'oignon et le beurre qui reste. Ajouter le poivre, le persil et la ciboule. Incorporer le blanc d'oeuf.

Beurrer un moule. Mettre le riz dans le moule et le mettre au bain-marie. Couvrir avec de l'aluminium et faire cuire au four (175°C, 4-5 au thermostat) pendant 20 minutes.

Détacher la timbale de riz du moule avec un couteau et le démouler sur un plat à servir.

Quand tout est prêt à servir, entourer la timbale de riz avec la préparation de poulet et garnir le tout avec les pois et le piment. J'ai décoré avec des fleurs de carrottes et de radis pour gagner le concours.

* **SECRET DU CHEF:** Ce plat peut servir 6 à 8 personnes. On peut le préparer à l'avance; si on décide de faire cuire le riz au dernier moment, ajouter le blanc d'oeuf juste avant de le mettre au four.

TIMBALE DE RIZ VERT ET POULET SUPRÊME

3ème prix (6 à 8 personnes)

1,25 à 1,5 kg. de poulet
1 jaune d'oeuf
1 cuil. à café de sel
4 cuil. à soupe de farine
4 dl. de bouillon de poulet
1 oignon moyen haché
2 cuil. à soupe de poivron haché
100 g. de pois surgelés, cuits et égouttés
2 ou 3 feuilles de céleri, hachées
4 cuil. à soupe d'huile
30 g. de beurre
1/2 d. de lait concentré
60 g. de champignons (en boîte)

Mettre le poulet, le sel et les feuilles de céleri, recouverts d'eau, dans une grande casserole. Faire bouillir puis réduire le feu; mettre le couvercle et laisser mijoter pendant 90 minutes ou jusqu'à ce que le poulet soit cuit. Ne pas le faire trop cuire. Laisser le poulet dans le bouillon jusqu'à ce qu'il refroidisse. Garder 4 dl. du bouillon pour préparer la sauce.

Enlever les os du poulet et couper la viande en assez grands morceaux.

Faire revenir les champignons dans le beurre. Dans une autre marmite, ajouter la farine à l'huile chaude; faire cuire en tournant jusqu'à ce que la pâte soit brun doré. Retirer du feu et faire revenir l'oignon; ajouter le bouillon et le lait; tourner jusqu'à ce que la sauce soit épaisse et lisse. Saler. Ajouter le jaune d'oeuf battu, les pois, les champignons et le poulet. Faire réchauffer complètement.

SPAGHETTI AU POULET

1 gros poulet coupé en morceaux
1 cuil. à café de sel
1/2 cuil. à café de poivre rouge
1 oignon moyen haché
1 branche de céleri
2 gousses d'ail
1/2 cuil. à café de basilic
1 cuil. à soupe de parmesan rapé
675g. de tomates entières en boîte
1 boîte de sauce tomate à l'italienne
1 cuil. à café de sucre
1 morceau de feuille de laurier
1 petit poivron coupé en petits morceaux

Assaisonner le poulet avec le sel et le poivre. Faire chauffer l'huile dans une grande marmite épaisse, y faire frire les morceaux de poulet, les faire brunir sans achever la cuisson. Enlever et mettre dans un plat.

A l'huile de cuisson du poulet, ajouter l'oignon et le céleri, faire sauter pendant environ 5 minutes en tournant constamment, puis ajouter la sauce tomate italienne, les tomates entières, l'ail, le poivron, le sucre, le basilic, le laurier, le fromage et environ 1/2l. d'eau. Quand la préparation arrive à ébullition, réduire le feu et laisser mijoter pendant 2 heures en remuant de temps en temps, et en ajoutant de l'eau si nécessaire. Ajouter le poulet frit et laisser mijoter une heure de plus. Assaisonner. Servir avec des spaghetti.

* **SECRET DU CHEF:** On peut remplacer le poulet par des boulettes de viande.

SAUCE PIQUANTE

Version louisianaise de la sauce tomate, faite plus acide et pimentée.

* **SECRET DU CHEF:** On peut utiliser soit: du lapin, de l'écureuil, du chevreuil, de la tortue, des tripes ou du poulet. Suivre la recette ci-dessus en ajoutant beaucoup plus de poivre rouge à la sauce tomate.

FAR AU PAIN DE MAIS

400 g. de pain de maïs, émietté et tassé
45 g. de beurre
2 tranches de pain rassis
1 cuil. à soupe de persil haché
2 dl. 3/4 de bouillon de poulet
1 cuil. à soupe de ciboule hachée
1/4 cuil. de thym
1/4 cuil. à café d'origan
1/4 cuil. à café de cayenne
1 oeuf bien battu et mélangé avec 1/2 dl. de lait en boîte
60 g. de céleri haché
Paprika

Dans une petite marmite, faire revenir l'oignon et le céleri dans le beurre. Mettre de côté.

Dans un grand bol, mélanger le pain de maïs, le pain rassis et le bouillon. Puis ajouter l'oignon et le céleri, l'oeuf et le lait, le thym, l'origan, le piment de cayenne, la ciboule et le persil. Bien mélanger; verser dans un plat à four bien beurré; saupoudrer avec le paprika. Mettre un couvercle et faire cuire au four (175°C, 4-5 au thermostat) pendant 45 minutes. Servir avec la sauce aux abats.

FRICASSÉE DE POULET

(Version louisianaise du poulet à la sauce brune)

La moitié d'un poulet découpé
1/2 dl. d'huile
35 g. de farine
Un peu de céleri finement haché
1 petit oignon, finement haché
Sel et poivre
1/4 cuil. à café de thym
1 gousse d' ail (facultatif)
1 l. d'eau

Saler et poivrer le poulet. Mettre dans un plat, mettre un couvercle et placer dans le réfrigérateur pendant 2 ou 3 heures.

Dans une grande casserole, faire chauffer l'huile. Ajouter la farine et faire cuire à feu moyen en tournant constamment jusqu'à ce que la pâte soit brun doré. Retirer du feu et ajouter l'oignon, le céleri et l'ail. Faire revenir 2 ou 3 minutes jusqu'a ce qu'ils soient tendres. Ajouter le poulet et l'eau. Faire cuire à feu vif. Tourner constamment jusqu'à ébullition. Réduire le feu, mettre un couvercle et laisser mijoter pendant 1 heure. Ajouter le thym et plus d'eau si la sauce est trop épaisse. Assaisonner.

Servir avec du riz ou des pommes de terre.

* **SECRET DU CHEF:** Toutes les parties avec os peuvent être utilisées pour la fricassée et sont les meilleures pour la friture.

POULET À L'ÉTOUFFÉE

1/2 poulet découpé
Sel et poivre
1/2 dl. d'huile
1 oignon moyen finement haché
Paprika

Assaisonner le poulet généreusement avec le paprika, le sel et le poivre. Faire chauffer l'huile dans une poêle de fonte. Faire frire le poulet jusqu'à ce qu'il devienne brun doré en tournant les morceaux de temps en temps. Quand le poulet est brun, mettre un couvercle et réduire le feu. Faire cuire à peu près 30 minutes, en ajoutant 1 cuil. à soupe d'eau si nécessaire. Enlever le couvercle et ajouter l'oignon. Remettre le couvercle et faire cuire, en tournant de temps en temps, jusqu'à ce que le poulet soit tendre. Servir avec du riz.

POULET PANÉ FRIT

1 petit poulet découpé
70 g. de farine
Sel et poivre
Huile (plus de 2,5 cm. d'épaisseur)
1 cuil. à soupe d'eau

À peu près 2 heures avant la friture, assaisonner le poulet avec le sel et le poivre et le mettre dans un plat avec un couvercle au réfrigérateur.

Mettre la farine dans un petit sac et paner chaque morceau de poulet, un à la fois, dans le sac. Faire chauffer l'huile. Ajouter l'eau et réduire le feu. Couvrir hermétiquement et laisser frire 10 minutes. Enlever le couvercle, mais ne pas toucher au poulet. Remonter le feu et faire frire le poulet jusqu'à ce qu'il soit brun doré, puis tourner soigneusement chaque morceaux. Continuer à le laisser frire jusqu'a ce que le poulet soit brun et croustillant. Enlever les morceaux cuits et ajouter les autres s'il en reste et les faire frire de la même façon.

SAUCE AU LAIT

2 cuil. à soupe de farine
3 dl. de lait

Verser l'huile où on a fait la friture en gardant 2 cuil. à soupe d'huile et de graisse. Ajouter la farine et mélanger bien. Ajouter le lait. Faire cuire, 2 ou 3 minutes, en tournant constamment jusqu'à ce que la sauce soit lisse. Assaisonner.

* **SECRET DU CHEF:** Les parties de poulet avec os peuvent être utilisées pour le gumbo, les boulettes de pâte, la fricassée, la soupe, le ragoût, le far, le jambalaya ou à l'étouffée avec des oignons et des champignons.

JAMBALAYA AU POULET

(4 à 6 personnes)

450 g. de poulet coupé en petits morceaux
2 cuil. à soupe d'huile
1 oignon moyen haché
1 branche de céleri finement haché
Un peu de ciboule hachée
115 g. de riz
1/2 dl. d'eau
1/4 cuil. à café de thym
1 cuil. à soupe de persil haché

Saler et poivrer le poulet. Mettre l'huile et le poulet dans une poêle de fonte; mettre un couvercle et faire cuire à feu moyen pendant 20 minutes. Reduire le feu et faire cuire encore 10 minutes. Enlever le couvercle et laisser le poulet bien brunir; ajouter l'oignon et le céleri; faire cuire encore 10 minutes. Enlever le poulet et la plupart de l'oignon et le céleri et mettre de côté. Ajouter le riz et tourner pour laisser les grains s'enduire d'huile. Ajouter l'eau et 1 cuil. à café de sel. Mettre un couvercle et faire cuire à feu doux pendant 20 minutes. Enlever le couvercle et ajouter le poulet, l'oignon et le céleri cuits et le thym. Faire cuire pendant 15 minutes en tournant de temps en temps. Ajouter le persil et la ciboule juste avant de le servir.

* SECRET DU CHEF: Quand le riz est cru et préparé avec le poulet, on l'appelle "jambalaya". Quand le riz est cuit, on l'appelle le "far". Donc, le jambalaya ci-dessus peut devenir un far en mélant le riz cuit avec le poulet cuit, suivant les coutumes créoles de Louisiane.

FOIES DE POULET DELUXE

225 g. de foies de poulet
1/2 cuil. à café de sel
1 gousse d'ail écrasée
1/4 cuil. à café de cayenne
1 pincée de poudre de chili
1 pincée de poudre de thym
1 cuil. à soupe de vinaigre
1 cuil. à café d'huile
1/2 cuil. à café de sauce de soja
15 g. de beurre
35 g. de farine
3 cuil. à soupe d'huile
1 oignon moyen, finement haché
1 petite boîte de champignons

Laver les foies dans l'eau froide. Bien égoutter. Mettre les foies dans un bol et ajouter les huit premiers ingrédients. Laisser mariner les foies pendant au moins une heure.

Égoutter les foies et garder la marinade. Saupoudrer chaque foie avec la farine. Les faire frire dans l'huile chaude jusqu'à ce qu'ils soient à peine bruns. Enlever les foies de l'huile.

À l'huile, ajouter l'oignon et le faire revenir jusqu'à ce qu'il soit tendre. Ajouter la marinade et les champignons et laisser mijoter pendant une minute. Ajouter les foies et mettre un couvercle. Laisser mijoter 5 minutes de plus. Ajouter le beurre.

Servir avec du gru de mais, de la purée de pommes de terre, du riz ou sur du pain grillé.

*** SECRET DU CHEF:** Pour un plat plus élégant, ajouter à l'oignon 1/2 dl. de vin de sauterne au lieu de la marinade.

DINDE RÔTIE

Envelopper les abats de dinde dans l'aluminium et les faire cuire au four avec la dinde. Faire cuire la dinde, la poitrine vers le bas dans un grand plat. Ainsi le jus délicieux du dos s'écoule sur la poitrine. Quand la dinde est tendre, la tourner sur le dos et la laisser brunir. Retirer la dinde du four et préparer une sauce.

La dinde rôtie est délicieuse quand elle est accompagnée de far de maïs.

BOUILLON AUX OS DE DINDE

Après avoir servi la dinde, enlevez TOUTE LA VIANDE des os. Mettre les os dans beaucoup d'eau et faire bouillir pendant à peu près 1 heure, jusqu'à ce que le peu de viande qui reste se détache des os.

* **SECRET DU CHEF:** Congeler le bouillon pour l'utiliser plus tard dans un ragoût de dinde, un soufflé, une sauce, un gumbo ou une soupe.

SAUCE AUX ABATS DE DINDE

Abats de dinde hachés
Foies de dinde hachés
Graisse et jus de la dinde rôtie
1 petit oignon, haché
3 1/2 dl. d'eau
1 1/2 cuil. à soupe de maïzena mélangée avec 1/2 dl. d'eau

Mettre le plat à four avec la graisse et le jus de la cuisson sur le feu et ajouter l'oignon. Faire cuire l'oignon jusqu'à ce qu'il soit tendre. Ajouter les abats cuits et l'eau et faire bouillir. Mélanger la maïzena avec l'eau. Ajouter à la sauce, tourner et laisser mijoter pendant 15 minutes.

GUMBO AU POULET

1 1/4 kg. à 1 1/3 kg. de poulet
1 boîte de tomates entières, coupées en petits morceaux
2 gousses d'ail, finement émincées
1 petite branche de céleri, finement hachée
3/4 dl. d'huile
90 g. de farine
1 petite feuille de laurier (facultatif)
2 l. d'eau
Sel et piment de cayenne

Assaisonner la viande avec le sel et le cayenne. Dans une poêle de fonte, faire chauffer l'huile et ajouter la farine. Tourner constamment jusqu'à ce que la pâte soit brun doré foncé. Ajouter l'oignon et faire cuire pendant 5 minutes. Ajouter le poulet, l'eau, l'ail, le céleri, la feuille de laurier et les tomates. Quand le mélange bout, réduire le feu et laisser mijoter à peu près une heure et demie. Assaisonner encore avec du sel et du piment.

Servir le gumbo chaud, dans des assiettes creuses, avec du riz.

* **SECRET DU CHEF:** On peut également ajouter des saucisses ou des huîtres.

PORC, AGNEAU, JAMBON, ET SAUCES D' ACCOMPAGNEMENT

JAMBALAYA DE PORC ET ABATTIS

Troisième prix au
Festival International du Riz
(6 personnes)

3 cuil. à soupe d'huile
350 g. de tomates coupées en morceaux
450 g. de porc maigre coupé en cubes
225 g. d'abattis de poulet
1 pincée de poivre de cayenne
340 g. de riz
2 cuil. à soupe de persil haché
1 oignon moyen coupé en morceaux
1 branche de céleri coupé en morceaux
1 gousse d'ail hachée
30 g. de beurre
1 pincé de thym
1 cuil. à café de sel
1 pincée d'origan
2 cuil. à café de ciboule
1/2 l. d'eau
4 cuil. à soupe de xérès

Dans une grande cocotte à fond épais, mélanger le porc, les abats de poulets, l'huile, le sel et le poivre de cayenne. Couvrir hermétiquement et faire cuire à feu moyen pendant une demi-heure. Laisser jusqu'à ce que la viande soit bien tendre, tout en ajoutant de l'eau quand c'est nécessaire. Puis ajouter les oignons, l'ail et le céleri. Laisser cuire environ 5 minutes. Enlever la viande et la couper en petits morceaux, puis la laisser de côté. Garder l'huile et les assaisonements de cuisson.

A cette huile ajouter les tomates, faire cuire environ 5 minutes , et ajouter le riz en mélangeant bien. Ensuite verser l'eau. Quand la préparation bout, réduire le feu, couvrir hermétiquement et laisser cuire environ 25 minutes. Puis ajouter la viande cuite, le beurre, le thym et l'origan. Faire cuire 20 minutes supplémentaires, on peut laisser couvert jusqu'au moment de servir. Au dernier moment, ajouter la ciboule, le persil et le vin. Servir chaud.

*** SECRET DU CHEF:** Ce plat peut être servi comme plat principal car il est assez consistant.

Un far peut être préparé avec tous les ingrédients utilisé dans le jambalaya à l'exception de l'eau et du riz. A la place utiliser 650g. à 900g. de riz cuit, et procéder comme décrit ci-dessus.
Servir avec des rondelles de pommes frites.

PORC À LA MANIÈRE D'ALZACE

450g. de porc maigre coupé en cubes
1 1/2 cuil. à soupe d'huile
2 cuil. à soupe de farine
1 oignon moyen finement coupé
1 gousse d'ail hachée
1 cuil. à soupe de sucre
1 pincée de romarin
sel et poivre
300g. de navets épluchés et coupés en dés
1/2 l. d'eau

Assaisonner le porc avec le sel et le poivre et laisser reposer. Faire bouillir les navets dans l'eau et le sucre pendant environ 15 minutes, jusqu'à ce qu'ils soient tendres. Egoutter et laisser de côté.

Dans une cocotte à fond épais, faire chauffer l'huile. Ajouter la farine en tournant constamment jusqu'à ce que le mélange devienne doré. Retirer la cocotte du feu afin de ne pas brûler la préparation. Ajouter l'oignon et l'ail. Laisser cuire environ 5 minutes en remuant sans arrêt. Ajouter le porc et l'eau et remuer jusqu'à ce que la sauce commence à bouillir. Couvrir hermétiquement et réduire le feu. Laisser cuire entre 3/4 d'heure et une heure pour que la viande soit tendre.

Ajouter les navets, le romarin, le sel et le poivre, et laisser cuire environ 10 minutes de plus. Servir avec du riz chaud.

* **SECRET DU CHEF:** On peut utiliser du boeuf désossé à la place du porc.

BARBECUE DE CÔTES DE PORC AU FOUR

(4 personnes)

1350g. de côtes de porc
4 cuil. à soupe d'huile
sel et piment

Assaisonner abondamment les côtes avec le sel et le piment. Dans une grande cocotte à fond épais, mettre l'huile, les côtes et 1/2 l. d'eau. Couvrir hermétiquement et faire cuire à feu moyen. A ébullition, réduire le feu et faire mijoter pendant deux heures jusqu'à ce que la viande soit tendre. Remuer en ajoutant de l'eau de temps en temps si nécessaire. Retirer les côtes, et dans un plat allant au four, les disposer en mettant la partie charnue sur le fond. Conserver l'huile et les assaisonnements de la cuisson.

SAUCE DE BARBECUE

5 cl. de l'huile de cuisson assaisonnée du porc cuit au four
1 cuil. à soupe de vinaigre
1 cuil. à café de sauce Worcestershire
1 cuil. à soupe d'oignon émincé
1 cuil. à soupe de moutarde
1 cuil. à café de chili en poudre
1 pincée de paprika
2 cuil. à soupe de ketchup
1 cuil. à soupe de farine

Mélanger bien tous les ingrédients. Saupoudrer le côté osseux de la viande. Faire cuire à four moyen environ 15 minutes. Retourner les côtes du côté charnu, et les badigeonner de sauce. Mettre le plat à environ 18 cm du gril et faire dorer. Servir froid ou chaud.

* SECRET DU CHEF: On peut également utiliser de la poitrine de boeuf. Si on fait un barbecue à l'extérieur, faire cuire la viande presque complètement à l'avance, et la mettre au frais jusqu'au moment du barbecue.

L'huile et les assaisonnements de cuisson des côtes peuvent être utilisés pour un plat de riz ou un jambalaya.

RÔTI DE PORC À L'ÉTOUFFÉE

1 rôti d'épaule de porc de 1100g. à 1350g.
1 cuil. à soupe de moutarde
35g. de farine
4 cuil. à soupe d'huile
sel et piment rouge
1 gousse d'ail émincée

1 ou 2 heures avant la cuisson du rôti, assaisonner abondamment avec le sel et le piment. piquer le rôti avec l'ail et le badigeonner de moutarde. Envelopper le rôti dans une feuille d'aluminium et mettre au réfrigérateur jusqu'au moment de la cuisson.

Avant de le mettre au four, rouler le rôti dans la farine. Dans une grande marmite, faire chauffer l'huile et dorer la viande des deux côtés. Couvrir hermétiquement, baisser le feu et laisser cuire environ deux heures. Si le feu est assez doux il n'y a pas besoin de rajouter d'eau, mais il faut retourner la viande fréquemment afin qu'elle n'attache pas. Attention de ne pas piquer la viande afin de ne pas perdre le jus.

UNE DELICIEUSE SAUCE POUR L'ACCOMPAGNER

huile et assaisonnement de cuisson de la viande
1 petit morceau de céleri haché
1 oignon moyen haché
30 dl. d'eau
1 grosse cuil. à soupe de maïzena avec 5 cl. d'eau

Faire cuire l'oignon et le céleri dans l'huile de cuisson du rôti jusqu'à ce qu'ils soient clairs et tendres en tournant de temps en temps. Ajouter l'eau, et quand le mélange commence à bouillir ajouter la maïzena. Laisser cuire jusqu'à ce que la préparation épaississe et devienne lisse. Rajouter du sel et du poivre si nécessaire.

CÔTELETTES DE PORC ET HARICOTS AU FOUR

(2 personnes)

2 à 4 côtelettes de porc
1 cuil. à soupe de moutarde
3 cuil. à soupe d'huile
1 pincée de noix de muscade et de cannelle
50 g. de corn flakes écrasés
2 cuil. à soupe de sucre brun
2 cuil. à soupe de ketchup
1 boîte de haricots au porc
1 petit oignon coupé en morceaux
2 tranches de bacon coupées en petits morceaux

Faire chauffer le four à 165oC. Assaisonner le porc avec le sel et le poivre. Chauffer l'huile dans une poêle et faire dorer les côtelettes des deux côtés. Dans un grand bol, mélanger les haricots, le sucre, l'oignon, le ketchup, la moutarde et bien mélanger. Mettre la moitié de la préparation dans un plat allant au four préalablement huilé, placer les côtelettes de porc et recouvrir avec le restant de la préparation. Saupoudrer le tout avec les corn flakes et les morceaux de bacon. Mettre au four 45 minutes sans couvercle.

CÔTELETTES DE PORC À LA SAUCE CHAMPIGNON

(2 personnes)

4 côtelettes de porc d'1 cm d'épaisseur
3 cuil. à soupe d'huile
1 petit oignon haché
sel et piment de cayenne
1/2 boîte de velouté de champignon additionnée d´ 1/2 l. d'eau
1 cuil. à café de sauce Worcestshire
farine

Assaisonner les côtelettes avec du sel et du poivre. Les recouvrir de farine. Dans une poêle, les faire frire à l'huile des deux côtés. Les mettre dans un plat. Dans l'huile de cuisson des côtelettes, faire cuire les oignons jusqu'à ce qu'ils soient tendres. Ajouter la soupe de champignon et l'eau. A ébullition ajouter les côtelettes de porc. Couvrir et réduire le feu. Laisser mijoter une heure. Assaisonner avec le sel, le poivre et la sauce Worcestershire. Servir avec du riz ou de la purée de pommes de terre.

* **SECRET DU CHEF:** Gôuter, et rajouter du sel si nécessaire.

CÔTELETTES DE PORC LAQUÉES

2 côtelettes de porc de 1 cm d'épaisseur
2 cuil. à soupe d'huile
1/2 cuil. à café de sel poivre
1 pincée de clou de girofle
2 cuil. à soupe de gelée de pomme
1 pincée de canelle
2 branches de persil (optionnel)

Assaisonner les côtelettes avec le sel et le poivre. Faire chauffer l'huile dans une poêle. Faire dorer les côtelettes des deux côtés. Couvrir hermétiquement et laisser cuire à feu doux. Ajouter un peu d'eau de temps en temps. Laisser mijoter environ 25 à 30 minutes. Mettre ensuite les côtelettes dans un plat.

Mélanger la gelée et les épices. Recouvrir les côtelettes avec ce mélange, et placer sous le gril jusqu'à obtention d'un laquage. Décorer avec les brins de persil.

Servir le jus de cuisson sur de la purée de pommes de terre.

JAMBALAYA AUX SAUCISSES CRÉOLES

(4 personnes)

225 g. de saucisses de porc
250 g. de riz
1 petite boîte de tomates entières
1 cuil. à soupe de beurre
1 1/2 cuil. à soupe de persil haché
1 oignon moyen haché
1 petit poivron coupé
1 gousse d'ail hachée
1 pincée de thym (à omettre si les saucisses sont épicées)
1 branche de céleri
1 1/2 cuil. à soupe de ciboule

Faire chauffer le beurre dans une poêle de fonte; ajouter 1/4 l. d'eau et les saucisses émiettées. Faire cuire doucement jusqu'à ce qu'elles brunissent en remuant de temps en temps. Ajouter ensuite l'oignon, le céleri, les tomates, le poivron et l'ail. Laisser cuire 5 minutes. Puis ajouter le riz et 4 dl. d'eau, couvrir et laisser mijoter environ 30 minutes à feu très doux, jusqu'à ce que toute l'eau ait disparu. Remuer de temps en temps. Ajouter enfin le thym le persil et l'oignon, et bien mélanger.

*** SECRET DU CHEF:** A servir comme plat principal avec des légumes verts, et je suggère d'ajouter au menu une salade d'ananas ou de pommes sur une feuille de laitue bien croquante.

Les côtes de porc s'adaptent aussi très bien à cette recette, seulement il faut les laisser cuire un peu plus longtemps.

SAUCISSE A LA CREOLE
(2 personnes)

250g. de saucisses de porc
1 morceau de feuille de laurier
150 g. de tomates entières en boîte
1 cuil. à soupe de feuilles de céleri
2 cuil. à soupe de sauce tomate
1 petit oignon finement émincé
1/2 cuil. à café de sucre
1/4 l. d'eau
1 pincée de romarin
1/2 gousse d'ail hachée
1 morceau de poivron coupé en cubes

Mettre l'eau et les saucisses dans une poêle, couvrir et faire bouillir pendant 20 minutes à feu moyen. Découvrir et laisser l'eau s'évaporer. Faire frire jusqu'à les dorer, en les tournant avec une pince en bois de façon à ne pas les percer: elles perdraient leur jus. Ajouter l'oignon, et laisser cuire pendant 1 à 2 minutes. Rajouter tous les ingrédients. Couvrir et laisser mijoter 30 minutes en remuant de temps en temps.

* **SECRET DU CHEF:** Servir avec des grits ou de la purée de pommes de terre.

DÉLICIEUX PAIN DE JAMBON

2 tranches d'ananas en morceaux
450g. de jambon cuit haché
225g. de porc cru haché (ou boeuf)
1 pincée de cannelle
1 pincée de noix de muscade
1 pincée de clou de girofle
1 oeuf battu
120g. de crakers en miettes trempés dans 1dl. de lait
2 cuil. à soupe de jus d'ananas
1/2 cuil. à café de sucre brun
1 cuil. à soupe de beurre
1 petit oignon haché
1/2 cuil. à café de moutarde
sel et poivre

Chauffer le four à 180oC.

Beurrer un petit plat creux allant au four. Mélanger le sirop d'ananas, le beurre, le sucre et les épices dans un bol. Disposer les morceaux d'ananas au fond du plat et verser le mélange par dessus. Dans un autre récipient mélanger le jambon, le porc, l'oignon, l'oeuf, la moutarde, les crakers et le lait. Assaisonner avec le sel et le poivre. A la cuillère, étaler le mélange sur les morceaux d'ananas. Placer le plat au bain-marie et couvrir. Laisser cuire pendant 30 minutes. Enlever le couvercle et mettre à cuire encore 15 minutes. Pour démouler, séparer la viande des bords du plat, et retourner dans un plat tiède. Enlever le plat de cuisson. Délicieux et agréable à regarder.

* **SECRET DU CHEF:** Ce pain de jambon peut être servi froid ou chaud, ou en tranches pour faire un sandwich.

JAMBON AU FOUR ET FEVES FLAMBES

(6 à 8 personnes)

225 g. de grosses fèves
1 cuil. à soupe au beurre
450 g. de jambon coupé en dés
3 cuil. à soupe de morceaux de bacon
40 g. d'amandes mondées
9 cerises de marasquin
1 oignon moyen haché
1 cuil. à café de sucre
quelques gouttes de sauce tabasco
1 cuil. à soupe de beurre
4 tranches d'ananas coupées en deux
1 tranche supplémentaire d'ananas
1 un peu de rhum
1 1/2 cuil. à café de sel
1 gousse d'ail émincée
quelques pincées de noix de muscade

Laver les fèves et les laisser tremper toute une nuit, ou plusieurs heures; les laisser cuire ensuite dans beaucoup d'eau. Ajouter le sucre, l'oignon et le sel. Quand cela bout à gros bouillons réduire le feu, couvrir et laisser mijoter pendant environ 2 heures, jusqu'à ce que les fèves soient tendres, mais pas en purée. Ajouter le tabasco et l'ail pendant la cuisson. Ecraser 225g. des fèves pour épaissir. Ajouter le jambon.

Verser dans un grand plat allant au four. Chauffer le four à 180°C. Disposer les 1/2 tranches d'ananas en rond au dessus des fèves, et la tranche complète au milieu. Placer une cerise dans chaque centre.

Mélanger le beurre, les amandes et le sucre dans une casserole et chauffer. Verser sur le plat de fèves avec la noix de muscade. Mettre au four pendant 15 minutes, jusqu'à ce que le plat prenne une teinte dorée.

Quand le plat est prêt à être servi, faire chauffer le rhum, le faire flamber le verser sur le plat de fèves. Attendre que le plat ait fini de flamber avant de servir.

* **SECRET DU CHEF:** On peut préparer ce plat à l'avance et mettre au four au dernier moment.
* **SECRET DU CHEF:** Excellent plat pour les buffets. Bon appétit!

SAUCE AU RAISIN POUR ACCOMPAGNER LE JAMBON AVEC DU PAIN PERDU

1 bouteille de soda au citron
2 cuil. à soupe de vinaigre
120g. de raisins secs
50g. de cassonade
1 cuil. à café de maïzena mélangée à 5 cl. d'eau
1 pincée de sel
1 pincée de gingembre
1 pincée de cannelle

Dans une casserole, mélanger le soda, le vinaigre, les raisins, le sucre, le sel et les épices. Faire cuire à feu doux. Laisser mijoter pendant 10 minutes et ajouter l'eau et la maïzena, en remuant constamment jusqu'à ce que la sauce épaississe.

FROMAGE DE PORC

900g. d'épaule de porc désossée
4 pieds de porc coupés en deux dans le sens de la longueur
6 grains de poivre
1 oignon moyen haché
1 feuille de laurier
1 cuil. à café de sel
5 cuil. à soupe de vinaigre de cidre
2 clous de girofle
2 l. d'eau

Laver les pieds de porc.

Dans une grande marmite, mélanger la viande avec tous les ingrédients, amener à ébullition, réduire le feu, couvrir et laisser mijoter pendant 2 à 21/2 h., jusqu'à ce que la viande vienne tendre.

Laisser refroidir. Enlever la viande des pieds de porc et la couper en dés. Retirer la feuille de laurier, les clous de girofle et les grains de poivre. Remettre à cuire si nécessaire afin de réduire le liquide à 1 litre environ. Assaisonner à nouveau avec sel et poivre.

Placer la viande dans un plat allant au four, arroser de bouillon. Mettre à refroidir au réfrigérateur jusqu'à ce que ce soit ferme. Retirer le gras du dessus si nécessaire.

***Accompagnement pour le fromage de porc:**

1 petit oignon finement coupé
5 cl. de vinaigre de vin blanc
2 pincées de poivre concassé
1 cuil. à café de sel
1 cuil. à café de moutarde

Dans un bol mélanger tous les ingrédients et laisser reposer 30 minutes. Démouler le pain de porc et le mettre dans un plat à servir, disposer au fond de fines tranches d'oignons autour du plat, verser dessus la sauce au vinaigre . Couper le pain avec un couteau scie.

* **SECRET DU CHEF:** Ce pain de porc fait une excellente entrée et va très bien avec des crackers ou du pain. On peut aussi le couper en petits cubes et le servir avec des cure-dents.

* **SECRET DU CHEF:** Pour décorer le pain de porc, on peut disposer un poivron coupé en lamelles ou des olives fourrées avant de verser le liquide.

AGNEAU À LA LOUISIANAISE

(4 personnes)

450g. d'agneau (poitrine ou épaule) découpé en cubes
4 petits oignons entiers
1 petite feuille de laurier
sel et poivre de cayenne
1 1/2 cuil. à soupe d'huile
1 pincée de noix de muscade
4 cuil à soupe de vin blanc
75g. de tomates entières en boite
farine
1 petit oignon coupé fin
4 petites tomates
1 gousse d'ail
1 ou 2 carottes coupées en gros morceaux
350 g. de sauce tomate
1 pincée de romarin

Saler et poivrer chaque morceau de viande et les rouler dans la farine. Faire dorer les morceaux d'agneau dans l'huile chaude. Ajouter l'oignon coupé et laisser cuire un moment. Puis ajouter les tomates et l'eau afin de couvrir la viande. Faire mijoter à feu doux pendant une heure jusqu'à ce que la viande soit tendre. Rajouter ensuite tous les ingrédients à l'exception du vin et de la noix de muscade, et laisser cuire pendant 30 minutes de plus.Verser le vin dans la préparation ainsi que la noix de muscade juste avant de servir. Apporter bouillant sur la table.

* **SECRET DU CHEF:** On peut ajouter d'autres légumes, comme des petits pois, des haricots verts, ou des restes de légumes.

COMBINATION DE VIANDES ET DE LÉGUMES COMME PLAT PRINCIPAL

ROULEAUX DE CHOU À LA CRÉOLE

(2 personnes)

12 à 14 feuilles de chou, On peut couper les grandes en deux au milieu
1 cuil. à café de sel
225g. de boeuf haché
3 cuil. à soupe de graisse de bacon
1/2 cuil. à café de poivre de cayenne
1 petit oignon coupé fin
1/2 oeuf battu
1 gousse d'ail émincée
180g. de riz cuit

Faire cuire l'oignon et l'ail dans la graisse de bacon jusqu'à ce qu'ils deviennent tendres. Dans un grand bol, bien mélanger la viande, le riz, l'oeuf, le sel , le poivre et l'oignon cuit.

Placer une cuillerée à soupe de la préparation sur le bord le plus mince de chaque feuille de chou et rouler. Dans une casserole dont le fond a été couvert de boules de papier aluminium, placer les rouleaux la face la plus épaisse vers le fond, et ajouter de l'eau et le jus d'un citron. On peut y ajouter une feuille de menthe et du sel. Couvrir hermétiquement, laisser cuire environ 15 minutes puis réduire le feu à très doux et laisser 45 minutes de plus.

* **SECRET DU CHEF:** On peut améliorer la recette de la façon suivante:

225g. de tomates entières en boîte avec leur jus
1 cuil. à café de sucre
1/2 jus de citron
1/2 cuil. à café de poivre de cayenne
2 dl. d'eau
1 cuil. à café de sel

Mélanger les tomates, le sel, le sucre et le poivre. Verser sur les rouleaux de chou, presser le citron par dessus. On peut aussi utiliser la peau du citron. Puis, suivre le même mode de cuisson que ci-dessus.

CHOU FARCI

(Troisième prix)

25 à 30 feuilles de chou
250 g. de viande hachée
3/4 l. d'eau bouillante
1/2 cuil. à café de poivre de cayenne
2 cuil. à soupe de bacon séché
1 branche de céleri coupée en morceaux
1 oignon moyen coupé fin
1/2 cuil. à café de noix de muscade
125 g. de porc, ou de saucisse de porc ou de jambon cuit haché au choix
1 pincée de thym
1 cuil. à café de sel
1 oeuf bien battu
1 peu de gruyère rapé
1grand morceau de cotton blanc
1 gousse d'ail écrasée
180 g. de riz

Mettre les feuilles de chou dans l'eau bouillante salée et laisser cuire 2 à 3 minutes. Egoutter et laisser refroidir.

Faire cuire le riz dans l'eau bouillante salée pendant 12 minutes, égoutter et mettre le riz dans un grand bol.

Faire cuire le porc haché dans la graisse de bacon pendant 20 minutes, en tournant de temps en temps. Ajouter du sel, du poivre, l'ail, l'oignon et le céleri, et laisser cuire 5 minutes de plus. Verser dans le bol de riz cuit.

Mélanger le riz, le porc et le jambon, le boeuf haché, la noix de muscade, le thym et l'oeuf.

Mélanger bien et assaisonner encore si nécessaire.

Etaler le morceau de tissu. Au centre, placer 4 feuilles de chou, pour qu'ensuite l'ensemble ressemble à l'exterieur d'un chou. Remplir chaque feuille avec environ une cuillerée de la préparation en l'étalant un peu.

Continuer en reconstruisant la tête de chou, en utilisant d'abord les moins jolies feuilles et en les couvrant avec la préparation, puis à la fin, essayer de couvrir les bords et le haut avec les plus belles feuilles. Toute la sauce doit se trouver au centre.

Relever les quatre coins du tissu et nouer bien serré.

Dans un grand bol, verser 1/2 litre d'eau, placer des boules d'aluminium froissé au fond et y poser le chou enveloppé. Couvrir hermétiquement et laisser cuire à feu moyen. Quand l'eau commence à bouillir, réduire le feu et laisser cuire pendant une heure.

Quand la cuisson est achevée, éteindre le feu et laisser couvert ainsi pendant 10 minutes. Détacher le tissu, saupoudrer de gruyère rapé, recouvrir encore une dizaine de minutes, puis retirer doucement le tissu, et glisser le chou dans un plat.

Couper comme un gâteau et servir en tranches; Agrémenter avec sa sauce tomate favorite.

*Bon appétit!. Préparer les choux farcis quelques heures à l'avance; mettre au réfrigérateur 1 1/2 heures avant de servir.

ROULEAUX DE VIANDE ET D'AUBERGINES EN SAUCE

(2 personnes)

1 aubergine moyenne
1/2 l. d'eau salée
huile d'olive
1 oignon moyen haché, partagé en deux
225g. de boeuf haché
sel et poivre
3 cuil. à soupe de riz cuit
1 cuil. à soupe d'huile
225 g. de sauce tomate
1/2 cuil à café de sucre
1 cuil. à soupe de parmesan râpé
1/2 oeuf battu
1 oignon
1 pincée de basilic
1/2 gousse d'ail écrasée
pour la sauce :
1 pincée de noix de muscade
6 tranches de fromage Velveta ou cheddar
paprika

Couper les deux bouts de l'aubergine, éplucher, la mettre debout et la couper en 6 lamelles d'égale épaisseur. Tremper les tranches dans l'eau salée pendant 5 minutes, et essorer. Faire chauffer l'huile dans une grande poêle. Sur un feu moyen, faire cuire les deux côtés de chaque tranche jusqu'à ce qu'elles deviennent molles. Les prendre avec une spatule et les mettre dans un plat.

Dans un bol, mélanger la viande, l'oeuf, la moitié de l'oignon, l'ail, le riz, le sel et le poivre. Former 6 petits patés de la largeur des tranches d'aubergine. Placer la préparation au milieu de chaque tranche et plier les deux extrémités. Presser un peu, mettre de côté et préparer la sauce.

la sauce:

Dans une casserole, mélanger l'huile, l'oignon, la sauce tomate, le sucre, le basilic, la noix de muscade et 1/4 litre d'eau. Porter à ébullition à feu moyen, puis placer les tranches d'aubergine dans la sauce, couvrir hermétiquement, réduire le feu et laisser mijoter 20 minutes.

Assaisonner avec du sel et du poivre. Placer une tranche de fromage sur le dessus de chaque rouleau. Saupoudrer de paprika. Couvrir et faire cuire 1 à 2 minutes de plus.

Saupoudrer avec le parmesan râpé.

* **SECRET DU CHEF:** On peut utiliser pour la farce des restes de jambon à la place du boeuf haché, et des tranches de pain trempées dans du lait à la place du riz cuit.

* **SECRET DU CHEF:** On peut conserver assez longtemps au réfrigérateur des restes d'aubergine non utilisés, en les mettant dans un sachet de plastique.

BOEUF ET CAROTTES ETOUFFES
(2 personnes)

350g. de viande bouillie sans os coupée en morceaux
3 cuil. à soupe d'huile
225g. de carottes épluchées et coupées en rondelles
1 petit oignon haché
5 cl. d'eau
1 cuil. à café de sel
1 pincée de poivre
1 cuil. à café de sucre

Assaisonner la viande avec le sel et le poivre. Mettre la viande et l'huile dans une casserole et faire cuire à feu moyen, en ajoutant de l'eau de temps en temps si nécessaire, et en remuant. Laisser 45 minutes, jusqu'à ce que la viande soit tendre. Ajouter les carottes, l'oignon, l'eau et le sucre. Couvrir et laisser cuire doucement pendant 20 minutes; découvrir et faire cuire 5 minutes de plus.

*** SECRET DU CHEF:** On peut utiliser la même recette avec du porc et des navets.

JAMBON ET CHOU ÉTOUFFÉS
(2 personnes)

225 g. de jambon cuit
900 g. de chou finement haché
1/2 pomme épluchée et coupée
2 cuil. à soupe de graisse de bacon
Sel
1 petit oignon émincé
1 pincée de poivre de cayenne
5 cl. d'eau

Dans une casserole, mettre la graisse de bacon, le jambon, le chou, l'oignon, la pomme, l'eau et le poivre de cayenne. Couvrir et faire cuire à feu moyen pendant 10 minutes. Réduire le feu et laisser cuire jusqu'à ce que le chou devienne tendre. Découvrir et faire cuire 15 minutes de plus. Saler. Très bon accompagné de riz rosé (voir recette plus loin).

*** SECRET DU CHEF:** On peut remplacer le jambon par du porc maigre, le faire cuire jusqu'à ce qu'il soit tendre puis ajouter le reste des ingrédients.

POIVRONS FARCIS
(2 personnes)

2 poivrons moyens
chapelure
1 petit poivron coupé en petits morceaux
1 cuil. à soupe de beurre
250g. de viande hachée
3 cuil. à soupe de graisse de bacon
1 pincé d'origan
1 petit oignon finement haché
2 tranches de pain très rassis trempées dans 1/4 de tasse de lait
1 cuil. à soupe d'oeuf battu
1 cuil. à café de sel
1 pincée de poivre de cayenne

Couper les poivrons en deux, retirer les pépins et la pulpe. Faire cuire les poivrons dans de l'eau bouillante pendant 2 à 3 minutes, égouter et laisser de côté.

Dans une casserole épaisse, mettre l'huile, la viande et le sel. Faire cuire à feu moyen, en tournant de temps en temps, pendant environ 15 minutes. Ajouter l'oignon, l'ail et les petits morceaux de poivron, laisser cuire 15 minutes de plus.

Ajouter ensuite le pain trempé, bien incorporer et mélanger, retirer du feu et ajouter le beurre et l'oeuf.

Chauffer le four à 180oC. Remplir les poivrons avec la préparation et saupoudrer avec la chapelure. Disposer les poivrons dans un plat peu profond, verser 1 dl. d'eau autour et ajouter 1 cuil. à soupe de beurre. Mettre au four pendant 20 à 25 minutes.

* **SECRET DU CHEF:** 120 g. de riz cuit peuvent être utilisés à la place du pain, surtout si on a des restes de riz. Dans ce cas ne pas utiliser de lait.

COURGETTES JAUNES FARCIES
(2 personnes)

2 courgettes jaunes tendres moyennes
180g. de viande de boeuf hachée
2 cuil. à soupe de chapelure
sel et poivre
1 petit oignon coupé fin
2 cuil. à soupe de beurre

Faire bouillir les courgettes dans beaucoup d'eau jusqu'à ce qu'elles deviennent tendres, mais pas trop. Les couper en deux dans le sens de la longueur. Les mettre dans un plat peu profond allant au four et préalablement huilé. Retirer la pulpe en prenant soin de ne pas percer l'enveloppe. La mettre de côté.

Dans une poêle, faire cuire la viande dans l'huile à feu moyen pendant 15 à 20 minutes. Ajouter de l'eau et remuer de temps en temps, laisser dorer un tout petit peu, puis ajouter l'oignon, et laisser cuire jusqu'à ce qu'il devienne tendre. Rajouter la pulpe des courgettes, et faire cuire pendant 2 à 3 minutes jusqu'à ce qu'il n'y ait plus de liquide. Assaisonner avec le sel et le poivre. Remplir les courgettes évidées avec cette préparation et saupoudrer de chapelure. Chauffer le four à 180oC (4-5). Mettre au four pendant 15 minutes.

*** SECRET DU CHEF:** Si les courgettes sont trop grandes, cette recette peut être faite en timbale. Eplucher et couper les courgettes en morceaux, faire bouillir un peu d'eau et les laisser cuire jusqu'à ce qu'elles soient tendres, égoutter et faire cuire avec la viande. Verser dans un plat huilé, saupoudrer de chapelure et mettre au four. On peut également le faire dans une poêle.

SAUCISSES DE FRANKFORT ET CHOUCROUTE AUX POMMES

(2 personnes)

225g. de saucisses de Frankfort coupées en tranches de 2cm
1 petite pomme de terre rapée
2 cuil. à soupe de graisse de bacon
1 petite pomme épluchée et coupée en morceaux
1 petit oignon coupé en morceaux
1/2 cuil. à café de cumin
350g. de choucroute
1/2 cuil. à café de sucre

Faire cuire les saucisses, la pomme, la pomme de terre et l'oignon dans la graisse de bacon pendant 10 à 12 minutes. Ajouter ensuite la choucroute, le sucre et les graines de cumin. Couvrir hermétiquement, reduire le feu et laisser cuire environ 15 minutes de plus.

* **SECRET DU CHEF:** On peut faire la même recette avec du jambon coupé en dés à la place des saucisses.

ACCOMODER LES RESTES

RAGOÛT DE BOEUF ET D'AUBERGINE

(2 personnes)

350g. de restes de viande de boeuf coupés en dés
350g. de chapelure
350g. d'aubergines bouillies
sel et poivre
1 cuil. à soupe de farine
1/4 l. d'eau
2 gouttes de tabasco
110g. de beurre
1 petit oignon haché

Faire fondre le beurre et faire cuire l'oignon jusqu'à ce qu'il devienne tendre et qu'il commence à brunir, en tournant constamment. Ajouter la farine en mélangeant bien. Puis la viande, les aubergines et l'eau. Laisser mijoter quelques minutes en remuant de temps en temps. Rajouter ensuite le sel, le poivre et le tabasco.

Mettre dans un plat beurré en alternance des couches de chapelure et la préparation d'aubergines et de viande. Mettre ensuite au four à 180oC (4-5) pendant 20 minutes.

HACHIS DE CORN-BEEF

(2 personnes)

1/2 boîte de corn-beef de 350g. coupé en petits morceaux
1 petit oignon haché
1 petite pomme de terre épluchée, coupée en morceaux
2 cuil. à soupe d'huile
2 grosses cuil. à soupe de farine
3 dl. d'eau
1 petite gousse d'ail
sel et poivre
1 pincée d'origan

Faire chauffer l'huile dans une casserole. Y mettre la farine en tournant constamment, et laisser cuire à feu doux jusqu'à ce que le mélange devienne brun. Retirer la casserole du feu pour ne pas brûler, et ajouter l'oignon en remuant. Remettre à cuire environ 5 minutes.

Ajouter la viande, la pomme de terre et l'eau. mettre à feu moyen. Quand le hachis commence à bouillir à gros bouillons, réduire le feu, couvrir hermétiquement et laisser cuire environ 15 minutes. Découvrir et ajouter l'origan, le sel et le poivre. Remettre à cuire encore un peu jusqu'à ce que les pommes de terre soient prêtes.

* **SECRET DU CHEF:** La plupart des restes de viandes cuites peut être utilisé pour ce hachis.

* **SECRET DU CHEF:** On peut utiliser le reste du corn-beef dans des sandwichs ou dans un plat de choux.

RAGOÛT DE DINDE

(2 personnes)

350g. de restes de dinde cuite coupés en morceaux
100 g. de petits pois bouillis
2 cuil. à soupe d'huile ou de restes de sauce de dinde
1/2 cuil. à café de sauce Worcestershire
180g. de tomates entières en boite coupées en morceaux
1 branche de céleri coupée en petits morceaux
35g. de carottes rapées
1 pincée de sucre
1 petit oignon haché
sel et poivre

Faire cuire l'oignon dans l'huile jusqu'à ce qu'il devienne tendre. Ajouter les tomates, et laisser cuire 5 minutes. Rajouter la dinde, le céleri, le sucre et 1/4 l. d'eau. Faire cuire pendant 15 minutes.

Ajouter les carottes et les petits pois, laisser cuire 10 minutes de plus, saler et poivrer.

* **SECRET DU CHEF:** On peut préparer ce plat à l'avance et le laisser de côté. Le goût en sera amélioré. Réchauffer.

REGAL DE DINDE SUR CANAPE

(2 personnes)

350g. de dinde coupée en dés
3 cuil. à soupe de beurre
1 petit oignon émincé
2 gouttes de tabasco
4 tranches de pain grillé des deux côtés
2 cuil. à soupe de farine
1 pincée de paprika
1/4l. de bouillon de dinde
sel et poivre
1 pincée de noix de muscade
2 cuil. à soupe de céleri haché
60 g. de lait en poudre
4 tranches de fromage Velveta ou cheddar

Dans une petite casserole mélanger le beurre, l'oignon et le céleri. Faire cuire à feu doux jusqu'à ce que les légumes soient tendres, puis ajouter la farine et bien mélanger, puis rajouter le bouillon de dinde et le lait en tournant vigoureusement jusqu'à ce que la sauce épaississe, et assaisonner avec du sel, du poivre, de la noix de muscade et du tabasco. Ajouter la dinde.

Disposer les toasts dans un plat et verser dessus la préparation de dinde, puis placer une tranche de fromage sur chacun, et saupoudrer de paprika. Mettre au gril pendant 2 à 3 minutes, jusqu'à ce que le fromage fonde. Ne pas préparer à l'avance.

* **SECRET DU CHEF:** La sauce peut être faite avant, mais il ne faut pas la verser sur les toasts longtemps avant de passer au gril.

* **SECRET DU CHEF:** On peut aussi ajouter des champignons, des piments, des petits pois ou des carottes à cette recette.

GUMBO À L'OS DE DINDE

(4 personnes)

225g. de saucisses fumées ou
225g.de saucisses de porc fraîches coupées en gros morceaux
1 oignon moyen haché
1 gousse d'ail émincée
1cuil. à café de ciboule hachée
1cuil. à café de persil haché
5 cl. d'huile
60 g. de farine
350g. de dinde hachée
sel et poivre
2l. de bouillon de dinde (voir recette)
gumbo filé

Dans une grande marmite à fond épais, faire un roux en chauffant l'huile et en y ajoutant la farine en faisant cuire à feu doux, en remuant constamment jusqu'à ce que le mélange devienne brun foncé. Ajouter l'oignon, et éloigner la marmite du feu, pour ne pas brûler le roux. Tourner et faire cuire jusqu'à ce que l'oignon soit tendre, environ 3 minutes.

Ajouter le bouillon de dinde et mettre à feu moyen en remuant constamment. Quand le gumbo commence à bouillir, ajouter les saucisses et couvrir hermétiquement. Laisser mijoter pendant 45 minutes, ajouter la dinde et faire cuire 15 minutes de plus. Ajouter le persil et la ciboule. Servir dans des assiettes à soupe avec du riz cuit. Si on le désire on peut ajouter 1/2 cuil. à café de filé dans chaque assiette.

* **SECRET DU CHEF:** On peut utiliser 6 huîtres par personne à la place des saucisses. On ne les ajoute que 1 à 2 minutes avant de servir. Elles sont cuites quand les bords frisent.

RIZ AU CHOU ET JAMBON

250g. de jambon coupé en petits morceaux
1kg. de choux hachés
250g. de riz cuit
sel et poivre
2 cuil. à soupe de pomme hachée
1 oignon moyen haché
2 cuil. à soupe d'huile

Faire cuire le jambon dans l'huile pendant à peu près 10 minutes en remuant de temps en temps. Ajouter la moitié de l'oignon et de la pomme, et laisser cuire pendant 5 minutes à feu doux. Enlever la préparation et la mettre sur un plat chaud, en laissant l'huile et l'assaisonnement dans la casserole. A cette huile de cuisson ajouter le chou, le reste d'oignon et 5cl. d'eau. Couvrir hermétiquement et laisser cuire 20 minutes.

Rajouter la préparation au jambon et le riz au chou. Chauffer vivement pendant environ 5 minutes. Servir chaud ou à la température de la pièce.

*** SECRET DU CHEF:** Pour ce plat, on peut remplacer le jambon par des restes de porc.
Peut être utilisé comme plat principal.

RIZ AUX HARICOTS ET JAMBON

120g. de jambon cuit coupé en dés
120g. de restes de haricots
250g. de riz cuit
2 cuil. à soupe d'huile
1 oignon moyen haché
sel et poivre

*** SECRET DU CHEF:** Cuisiner ce plat comme le riz au chou et au jambon. A utiliser comme plat principal.

LÉGUMES

HARICOTS

250g. de haricots secs
1l. d'eau
1 petit morceau de petit salé ou de jambon
1/2 cuil.à café de sucre
1 petit oignon haché

Laver les haricots dans deux ou trois eaux. Les mettre dans une casserole avec l'eau, la moitié de l'oignon, le sucre et petit salé. Couvrir hermétiquement et laisser mijoter à feu doux pendant environ 1 heure. Ajouter l'oignon restant et laisser cuire 20 minutes de plus.

* **SECRET DU CHEF:** Ne jamais faire bouillir les haricots à feu fort cela les ferait éclater et leur retirerait leur saveur.

* **SECRET DU CHEF:** En suivant ces conseils, on peut manger des haricots secs sans être gêné pendant la digestion. Dans une grande marmite d'eau bouillante, mettre les haricots bien lavés. Les laisser bouillir à gros bouillons pendant 2 à 3 minutes. Puis les laisser tremper dans cette eau toute la nuit ou pendant 8 heures. Ensuite, les égoutter et les rincer et les égoutter à nouveau. Les mettre à nouveau dans l'eau bouillante, les laisser mijoter sans les laisser bouillir. Les assaisonner selon la recette.

* **SECRET DU CHEF:** Bien sûr, la plupart des vitamines seront perdues, mais au moins on peut profiter des proteïnes que les haricots contiennent en grande quantité.

RIZ ET HARICOTS ROUGES

450g. de haricots rouges secs
1 gros oignon finement haché
1 gros morceau d'un reste de jambonneau
1/2 cuil. à café d'origan
1 pincée de poivre de cayenne
2 cuil. à soupe de margarine ou de gras
2 grosses tomates bien mûres ou en boîte
1 ou 2 gousses d'ail finement émincées
1 cuil. à café de sel
1 morceau de feuille de laurier

Laver les haricots rouges. Dans une grande casserole faire bouillir 1 1/2 l. d'eau, y jeter les haricots, laisser bouillir une minute. Mettre de côté et laisser refroidir.

Faire cuire les oignons dans la graisse jusqu'à ce qu'ils deviennent tendres. Ajouter les haricots, l'ail, le jambonneau, les tomates, le laurier, le sel et le poivre. Laisser cuire à feu vif, puis réduire afin de faire mijoter jusqu'à ce que les haricots deviennent tendres, environ 21/2 à 3 heures.

Retirer le jambonneau, et enlever la viande de l'os. La remettre avec les haricots et ajouter l'origan.

Servir dans des assiettes à soupe avec du riz (voir recette plus loin). Un peu de ciboule hachée sur le dessus ajoute un parfum délicieux!

* SECRET DU CHEF: Si on utilise des saucisses, il ne faut pas les laisser cuire plus d'une heure. S'il y a des restes de haricots, les mettre en portion individuelle et les congeler.

HARICOTS DU “GRAND NORD”

250g. de haricots du “grand nord”
110 g. de petit salé ou de jambonneau
1 oignon moyen haché, partagé en 2 parts
1/2 cuil. à café de sucre
11/2l. d'eau

Laver très consciencieusement les haricots. Les mettre dans l'eau avec le porc, le sucre, la moitié de l'oignon et amener à ébullition. Réduire le feu et couvrir hermétiquement afin de laisser tout doucement mijoter pendant 1 1/2 heure, jusqu'à ce que les haricots deviennent tendres. Ajouter le reste de l'oignon, le sel et le poivre et laisser mijoter encore 15 minutes.

ATTENTION: Ne jamais laisser bouillir les haricots, ils pourraient éclater ou brûler.

* **SECRET DU CHEF:** Ces haricots peuvent être cuits quelques heures avant le repas, ils sont encore meilleurs réchauffés.

HARICOTS VERTS CRÉOLES

(2 personnes)

225g. de haricots verts
1/4 l. d'eau bouillante
4 ou 5 pomme de terre nouvelles trempées dans l'eau additionnée d'un peu de soda, puis rapées
1 petit oignon haché
3 cuil. à soupe de graisse de bacon
1 cuil. à café de sucre
1/2 cuil. à café de sel
1 pincée de poivre

Mélanger tous les ingrédients dans une petite cocotte, couvrir hermétiquement, et laisser cuire à feu moyen pendant 5 minutes. Réduire le feu, et faire cuire environ 15 minutes de plus. Les haricots doivent être tendres et croquants.

HARICOTS VERTS À LA SAUCE RAIFORT

Préparer les haricots verts comme indiqué ci-dessus, sans utiliser la graisse de bacon. Après la cuisson , égoutter les haricots.

SAUCE:

11/2 cuil. à soupe de beurre
1 cuil. à soupe d'oignon rapé
11/2 cuil. à soupe de farine
1/2 cuil. à café de raifort
15 cl. de lait
1/4 cuil. à café de moutarde

Faire revenir l'oignon dans le beurre, ajouter la farine en tournant, puis ajouter le lait. Laisser cuire jusqu'à ce que le mélange devienne lisse et épais, puis rajouter la moutarde et le raifort. Verser la sauce sur les haricots verts chauds.

CRÈME DE BROCCOLIS

(4 personnes)

1 paquet de broccolis congelés
1 grosse cuil. à soupe de beurre
1 cuil. à soupe d'oignon haché
1 cuil. à soupe de céleri haché
1/2 tranche de pain
15 cl. de lait sucré
sel et poivre
Fromage rapé
1 pincée de paprika

Faire bouillir les broccolis selon les directives sur le paquet, égoutter et laisser de côté. Tremper le pain dans le lait pendant 5 minutes et laisser de côté.

Faire cuire l'oignon et le céleri dans le beurre jusqu'à ce qu'ils deviennent tendres, en remuant constamment. Y ajouter le pain et le lait, et laisser cuire à feu doux jusqu'à ébullition. Saler et poivrer.

Chauffer le four à 180oC (4-5). Mettre les broccolis dans un plat , verser dessus la sauce et saupoudrer de fromage rapé et de paprika. Mettre au four pendant environ 15 minutes, jusqu'à ce que le fromage soit doré.

* SECRET DU CHEF: Beaucoup d'autres légumes peuvent avantageusement remplacer les broccolis, comme le chou-fleur, les asperges ou le chou.

* SECRET DU CHEF: Nombre de mes amis vivant seuls, en retraite ou travaillant toujours, me disent: "Oh! je ne cuisine pas car cela me fait toujours trop pour moi seul". Donc toutes les recettes de ce livre, peuvent être divisées en portions individuelles et être congelées dans un sachet de plastique ou un petit container. Ne pas oublier de les étiqueter de façon à ne pas oublier la nature du contenu.

Quand on en a besoin, le contenu, dégelé ou non, peut être mis dans un plat et réchauffé. Ne pas oublier de beurrer la casserole avant d'y mettre le contenu à réchauffer.

* SECRET DU CHEF: **Des fruits frais toute l'année...**

Mettre des pêches dans de l'eau bouillante puis dans de l'eau glacée. Les éplucher puis les couper en tranches. Les mettre sur un papier sulfurisé et les congeler. Quand elles sont congelées, les mettre dans un sachet de plastique ou un container, et remettre au congélateur. Tous les fruits rouges peuvent être congelés de la même manière, ainsi on peut les conserver entiers et éviter de les écraser.

CHOU A LA SAUCE BECHAMEL

(4 personnes)

675g. de chou haché

Faire cuire le chou dans l'eau salée pendant 7 minutes, l'égoutter et le mettre dans un plat préalablement beurré.

SAUCE:

1 1/2 cuil. à soupe de beurre	**sel et poivre**
1 1/2 cuil. à soupe de farine	**fromage rapé**
15 cl. de lait	**paprika**

Dans une casserole, mettre la farine et le beurre fondu et bien mélanger. Puis ajouter le lait en tournant constamment. Laisser cuire jusqu'à ce que la sauce devienne lisse. Saler et poivrer. Verser la sauce sur les choux et saupoudrer de fromage rapé et de paprika. Mettre au four préalablement chauffé à 180oC (4-5) pendant 15 minutes.

* SECRET DU CHEF: Ce plat de chou peut être fait également dans une casserole. Faire cuire le chou, ajouter la sauce et saupoudrer de fromage et de paprika.

CORN-BEEF AU CHOU

(2 personnes)

1/2 boîte de corn-beef de 350g.	**4 morceaux de chou**
1 l. d'eau bouillante salée	**2 pincées de gingembre**

Faire cuire le chou dans l'eau bouillante pendant 15 minutes, l'égoutter. Mettre le chou dans un plat beurré, saupoudrer de gingembre et disposer le corn-beef sur le chou. Couvrir et laisser au four 10 à 15 minutes. Si l'on préfère, y ajouter un peu de cidre, ou de vinaigre ou de citron.

Les pommes de terre bouillies sont parfaites pour accompagner ce plat.

* SECRET DU CHEF: Avant de couper le chou en morceaux, enlever quelques feuilles pour faire des choux farcis ou des rouleaux de chou. On peut également garder une partie du coeur de chou pour faire de la salade de chou cru.

* SECRET DU CHEF: Le corn-beef en boîte est très riche. On peut utiliser le reste de la boîte en faisant du hachis de corn-beef ou des sandwichs.

BEIGNETS DE CAROTTES
(2 personnes)

2 ou 3 carottes bouillies, épluchées et écrasées pour faire environ 250g.
2 cuil. à soupe de farine
1/2 cuil. à café de levure
1 cuil. à soupe d'oeuf battu
1/4 cuil. à café de sel
1 cuil. à café de sucre
1 cuil. à café de vanille
de l'huile pour couvrir le fond d'une poêle

Dans un grand bol, mélanger tous les ingrédients, et les battre jusqu'à ce que la préparation devienne lisse.

Faire chauffer l'huile, et y jeter le mélange par cuillérée. Laisser frire jusqu'à ce que les beignets deviennent dorés, en les retournant une fois au cours de la cuisson. Les égoutter sur du papier absorbant et servir chaud.

BEIGNETS DE CAROTTES ET D'ANANAS
(2 personnes)

250g. de carottes cuites en purée
1/2 cuil. à café de levure
3 cuil. à soupe d'ananas écrasés bien égouttés
3 cuil. à soupe de farine
1 cuil. à soupe d'oeuf bien battu
1/4 cuil. à café de sel
huile pour couvrir le fond d'une poêle

Mélanger tous les ingrédients dans un bol et bien battre jusqu'à ce que la préparation devienne lisse. Faire chauffer l'huile dans une petite poêle et y verser le mélange par cuillérée. Faire cuire les beignets jusqu'à ce qu'ils deviennent dorés en les retournant une fois au cours de la cuisson. Les égoutter sur un papier absorbant et les servir chauds.

* SECRET DU CHEF: La préparation peut être faite à l'avance, il suffit de la mettre au réfrigérateur. Cela améliore la consistance et le goût.

CAROTTES AU FROMAGE
(2 personnes)

Eplucher 3 ou 4 carottes et les faire cuire dans une grande casserole d'eau jusqu'à ce qu'elles deviennent tendres. Les égoutter.

Couper les carottes en lamelles de 5mm et les disposer dans un plat bien beurré. Saupoudrer de sucre et recouvrir de fromage rapé. Ajouter 2 cuil. à soupe de beurre fondu. Chauffer le four à 200oC et y mettre les carottes pendant 15 minutes. Servir immédiatement.

* SECRET DU CHEF: Ne pas utiliser de sel.

CAROTTES CROQUANTES

(2 personnes)

350g. de carottes finement coupées
1dl. d'eau
2 cuil. à soupe de beurre
60g. de lait en poudre
1cuil. à café de sucre
sel et poivre

Mélanger les carottes, l'eau et le sucre dans une casserole et faire cuire à feu doux pendant 5 minutes. Réduire le feu et laisser cuire 15 minutes de plus jusqu'à ce que les carottes soient un peu croquantes. Ajouter le beurre, le lait, le sel, et le poivre. Réchauffer à feu vif et servir.

COURONNE DE CAROTTES AU FOUR

(4 personnes)

450g. de carottes rapées
1 petit oignon haché
3 cuil. à soupe de beurre fondu
3 oeufs battus
120 g. de chapelure
1/2 l. de lait

Faire cuire les carottes dans l'eau frémissante pendant 3 minutes. Les égoutter et les mélanger avec le reste des ingrédients. Verser dans un moule en forme de couronne bien beurré. Le mettre au four à 180oC au bain-marie pendant 45 minutes. Pour démouler, passer un couteau le long du moule et le renverser dans une assiette. Remplir le centre avec des haricots verts beurrés.

CHOU FLEUR AU PAPRIKA

(2 personnes)

350g. de petits choux fleur
2 cuil. à soupe d'huile d'olive ou de beurre fondu
3 cuil. à soupe de vinaigre de cidre
1 sel et poivre
1 paprika

Faire cuire le chou-fleur dans une grande casserole d'eau salée pendant 15 minutes et égoutter. Etaler dessus l'huile d'olive ou le beurre fondu. Saler et poivrer. Asperger de vinaigre et saupoudrer de paprika: il deviendra rose. Servir comme salade.

* **SECRET DU CHEF:** Mettre toujours les légumes à l'eau bouillante afin qu'ils soient tendres et croquants.

MAQUECHOU

4 épis de maïs tendre
2 cuil. à soupe d'huile
1 cuil. à café de sucre
1dl. de lait
1/2 cuil. à café de sel
quelques pincées de poivre
un peu de beurre

Enlever les grains de maïs de l'épi en grattant l'épi dans sa longueur.

Dans une casserole mettre l'huile, le maïs, le lait et le sucre et faire cuire à feu doux, en tournant constamment pendant environ 20 minutes. Puis ajouter le sel, le poivre et le beurre. Laisser cuire une minute de plus et servir chaud.

* SECRET DU CHEF: ce plat de maïs est une très vieille recette indienne-acadienne. Il y a de nombreuses versions du maquechou. Certains Acadiens préparent le maïs avec du poulet et appellent ce poulet: maquechou. Au lieu d'utiliser du lait certains utilisent une tomate fraîche hachée, ce qui donne une saveur différente.

Le poulet-maquechou: brunir, puis étouffer dans une sauteuse, ajouter l'oignon et laisser cuire jusqu'à ce qu'il soit tendre. Sortir de la sauteuse, ajouter le maïs et laisser cuire 20 minutes, en tournant bien.

AUBERGINES À L'ITALIENNE

(2 personnes)

1 petite aubergine, lavée et coupée finement en petit morceaux
2 cuil. à soupe d'huile d'olive
1 petit oignon finement haché
3 cuil. à soupe de parmesan
3 olives farcies hachées

Mettre l'aubergine dans 5cl. d'eau dans une petite casserole, couvrir et laisser cuire pendant 10 minutes à feu doux. Faire cuire les oignons dans l'huile d'olive pendant 5 minutes. Ajouter l'aubergine ainsi que les olives, le fromage, le sel et le poivre. Faire cuire pendant 20 minutes à feu doux.

* SECRET DU CHEF: Cette recette fait un "dip" délicieux. On peut y rajouter 2 cuil. à soupe de sauce tomate.

FEUILLES DE MOUTARDE À LA MODE DU SUD

(4 personnes)

1 bouquet de feuilles de moutarde fraîches bien lavées et égouttées
1 petit oignon finement haché
1 cuil. à soupe de matière grasse
1 cuil. à soupe de farine
sel et poivre
150g. de porc salé

Faire bouillir le porc dans 1/2 l. d'eau jusqu'à ce qu'il devienne tendre, couvrir pendant la cuisson, et réduire le feu pour laisser mijoter. Ajouter les feuilles de moutarde et laisser cuire jusqu'à ce qu'elles soient tendres, environ 20 minutes. Hacher finement le porc et la moutarde et égoutter. Préserver tout de même 1/4l. du liquide de cuisson.

Dans une casserole, mélanger la farine et l'huile chaude, laisser cuire en remuant constamment, jusqu'à ce que la préparation soit brune, retirer du feu. Ajouter l'oignon et laisser cuire jusqu'à ce qu'il devienne tendre. Ensuite ajouter la moutarde, le porc et le liquide. Quand le mélange commence à bouillir, couvrir, réduire le feu et laisser mijoter pendant 20 minutes. Ce plat est délicieux avec du pain de maïs.

* **SECRET DU CHEF:** On peut utiliser cette recette pour presque tous les légumes verts.

DÉLICE D'EPINARDS

(4 personnes)

450g. d'épinards frais, lavés et bien égouttés
1 1/2 cuil. à soupe de farine
2 tranches de bacon
2 cuil. à soupe de beurre
1 petit oignon rapé
1 oeuf dur mimosa
1 gousse d'ail
15 cl de lait

Mettre 1/2l. d'eau salée à bouillir, y ajouter les épinards, couvrir et laisser cuire 20 minutes. Egoutter, hacher les épinards et mettre de côté.

Faire frire le bacon et l'égouter sur un papier absorbant. Couper en morceaux et mettre de côté.

Dans une casserole, mettre l'oignon, l'ail et le beurre, faire cuire en remuant constamment, jusqu'à ce que le mélange soit bien tendre, puis ajouter la farine en tournant. Ajouter ensuite le lait et laisser cuire jusqu'à ce que la préparation épaississe. Y rajouter les épinards hachés, laisser cuire pendant 2 ou 3 minutes. Servir saupoudré d'oeuf mimosa et de bacon.

* **SECRET DU CHEF:** On doit manger ce plat par plaisir et non par obligation. On peut également utiliser des épinards surgelés.

OKRA FRIT À LA TEXANNE

(2 personnes)

350g. d'okras tendres
1 morceau de tomate haché
3 cuil. à soupe d'huile
1 petit oignon haché
1 petit morceau de poivron haché
60g. de farine de maïs
sel et poivre

Couper les deux bouts des okras et les jeter. Couper les okras en tranches très fines.

Dans un bol, bien mélanger l'okra, le poivron, l'oignon et la tomate. Saupoudrer avec de la farine de maïs. Mettre l'huile à chauffer dans une poêle à fond épais à feu assez vif, et y ajouter le mélange d'okra. Couvrir et réduire à feu doux. Laisser cuire environ 10 minutes. Découvrir sans remuer et laisser frire un moment. Puis tourner en faisant attention de ne pas écraser l'okra. Laisser cuire en tout pendant environ 20 à 25 minutes et servir chaud.

* **SECRET DU CHEF:** Au moment d'acheter l'okra, en prendre un peu plus, les plus petits pourront être servis à la créole ou en salade... c'est délicieux!

OKRA À L'ÉTOUFFÉE

(2 personnes)

450g. d'okras frais et tendres
1 petit oignon haché fin
1 petite tomate bien mûre et coupée en petits morceaux
1 morceau de poivron haché fin
2 cuil. à soupe d'huile ou de graisse de bacon

Laver l'okra et l'égoutter, puis le couper en petites tranches très fines. Dans une marmite, mettre l'huile à chauffer. Y mettre tous les ingrédients, couvrir et laisser cuire à feu doux pendant 10 minutes. Puis découvrir et faire cuire jusqu'à ce que l'okra soit tendre et qu'il ne reste pas beaucoup de jus, en remuant de temps en temps. Faire attention de ne pas écraser l'okra. Assaisonner avec le sel et le poivre.

* **SECRET DU CHEF:** S'il y a quelques restes d'okra cuit, l'utiliser pour un gumbo au poulet, à la saucisse, aux fruits de mer ou aux crevettes. Il faut donc en faire cuire un peu plus pour ces usages éventuels. On peut ajouter du jambon coupé en petits dés à cette préparation.

GALETTE DE POMMES DE TERRE RAPEES
(4 personnes)

450g. de pommes de terre épluchées et et coupées finement
1/2 cuil. à café de sel
1 oignon moyen en rondelles fines
60g. de graisse de bacon
1 cuil. à café de farine
poivre noir

Mélanger tous les ingrédients dans un bol et laisser reposer 10 minutes. Faire chauffer la graisse de bacon dans une poêle. Y verser le mélange, couvrir et réduire le feu. Laisser cuire environ 15 minutes, jusqu'à ce que les pommes de terre soient tendres. Découvrir et laisser cuire 2 ou 3 minutes de plus. Retourner la galette de pomme de terre ainsi formée avec une spatule, et faire cuire 5 minutes de plus. Saupoudrer de paprika, jeter l'excès de graisse et servir.

* **SECRET DU CHEF:** On peut manger ces galettes de pommes de terre au petit déjeuner, au déjeuner ou au dîner. Quand la cuisson est terminée, on peut ajouter 1 ou 2 oeufs bien battus, en les versant au dessus, et en couvrant le mélange 1 minute . Attention de ne pas écraser les pommes de terre.

POMMES DE TERRE AU GRATIN
(4 personnes)

2 ou 3 pommes de terre pour faire 350g., coupées en rondelles
2 gouttes de tabasco
2 cuil. à soupe de beurre
1 oignon moyen haché finement
poivre
1/2 cuil. à café de sel
2 cuil. à soupe d'eau
60g. de lait en poudre
2 tranches de bacon coupées en petits morceaux, frits et égouttés
60g. de chapelure frite dans 2 cuil. à soupe de beurre
60g. de fromage rapé

Mélanger le beurre ramolli, les pommes de terre, l'oignon, le sel et l'eau dans une poêle à fond épais. Couvrir hermétiquement.

Faire cuire à feu moyen pendant 10 minutes jusqu'à ce que les pommes de terre soient tendres. Ajouter la graisse de bacon.

Puis rajouter le lait et le fromage, remuer doucement et laisser cuire non couvert pendant 10 minutes. Pendant ce temps la chapelure dore doucement dans une autre poêle, remuer doucement.

Retirer les pommes de terre et les placer dans un plat chaud et recouvrir avec la chapelure et le bacon. Servir chaud.

CITROUILLE MIROIR

800g. de citrouille épluchée et coupée en cubes de 1 cm
1 pincée de noix de muscade (option)
120g. + 2cuil. à soupe de sucre
2 cuil. à soupe d'eau
1/2 cuil. à café d'ecorce d'orange ou de citron rapée
1 pincée de sel
1 cuil. à café de beurre

Dans une casserole, mélanger la citrouille, l'eau, le sucre, le sel et l' écorce de citron rapée, faire cuire à feu vif, en remuant jusqu'à ce que le sucre soit fondu et que le sirop commence à bouillir à gros bouillons. Couvrir hermétiquement, réduire le feu et laisser cuire 10 minutes. Découvrir, remettre à feu vif et laisser cuire 8 à 10 minutes de plus. Attention de ne pas remuer, mais arroser avec le sirop et ajouter le beurre et la noix de muscade.

* **SECRET DU CHEF:** Acheter des citrouilles les plus petites possible, et conserver ce qui reste au réfrigérateur, pour faire un ragoût ou une tarte.

* **SECRET DU CHEF:** On peut ajouter à cette recette des raisins secs, du raisin, de la noix de coco, des noix ou des noix de pecan juste avant que la citrouille soit complètement cuite.

RAGOÛT DE CITROUILLE

(2 personnes)

450g. de citrouille épluchée et coupée en petits morceaux
1 pincée de noix de muscade
5 cl. d'eau
2 cuil. à soupe de sucre blanc ou brun
1 pincée de sel
1 cuil. à soupe de beurre

Mélanger la citrouille et l'eau dans une casserole, couvrir et laisser cuire à feu doux pendant 10 minutes jusqu' à ce que la citrouille devienne tendre. Découvrir, ajouter le sel, le sucre, le beurre et la noix de muscade, et laisser cuire 5 à 10 minutes de plus. Quand la cuisson est terminée, remuer et écraser la pulpe en purée. A servir avec de la viande.

* **SECRET DU CHEF:** Si on a besoin de citrouille pour faire une tarte, préparer la citrouille comme indiqué ci-dessus, sans mettre de sucre, de beurre et de noix de muscade. N'ajouter que ce qui est nécessaire pour la tarte.

COURGETTE JAUNE ETOUFFEE AU BACON

3 courgettes jaunes moyennes
3 tranches de bacon frites
1 petit oignon haché
sel et poivre
chapelure de crackers

Faire bouillir les courgettes dans une grande casserole d'eau salée pendant environ 15 minutes, jusqu'à ce qu'elles soient tendres, ne pas faire trop cuire. Les sortir de l'eau en faisant attention de ne pas les casser. Les couper dans le sens de la longueur. Avec une petite cuillère , retirer soigneusement la pulpe et laisser de côté. Mettre les enveloppes de courgettes sur un plat prélablement beurré.

Dans une petite casserole faire cuire l'oignon dans la graisse de bacon jusqu'à ce qu'il devienne tendre.

Ajouter la pulpe de courgette, et laisser cuire jusqu'à évaporation de tout le jus. Remettre le mélange dans les enveloppes de courgettes, saupoudrer de chapelure de crakers et de bacon frit.

COURGETTES JAUNES ÉTOUFFÉES AU MAÏS

3 courgettes jaunes moyennes
1/2 boîte de maïs vidée de son liquide
2 cuil. à soupe de beurre
1 petit oignon haché finement
60g. de chapelure de crackers
fromage rapé
1 pincée de paprika

Faire bouillir les courgettes dans une grande casserole d'eau salée pendant 15 minutes jusqu'à ce qu'elles deviennent tendres. Attention de ne pas trop les faire cuire. Retirer les courgettes de l'eau en prenant garde de ne pas les casser. Laisser refroidir. Couper les courgettes dans le sens de la longueur. Retirer la pulpe avec une cuillère et mettre les enveloppes sur un plat préalablement beurré. Garder la pulpe pour la farce.

Dans une petite casserole, faire revenir l'oignon, l'ail et le beurre jusqu'à ce que l'oignon soit bien tendre en remuant constamment. Ajouter cette préparation à la pulpe de courgettes et laisser cuire jusqu'à évaporation complète du jus, puis ajouter le maïs et bien mélanger. Verser le tout dans les enveloppes de courgettes, saupoudrer de chapelure de crakers et de fromage rapé. Mettre au four à 180°C pendant environ 10 à 15 minutes.

*** SECRET DU CHEF:** On peut préparer cette recette dans une casserole, il suffit de couper les courgettes en rondelles, ou en petits morceaux de la taille d'un petit pois, de les faire bouillir dans un peu d'eau, de les égoutter et ensuite de continuer la recette comme indiqué ci-dessus.

On peut préparer cette recette à l'avance, et mettre les courgettes au frais avant de les mettre au four.

PATATE DOUCE CONFITE À LA NOIX DE COCO

(2 personnes)

1 ou 2 patates douces,épluchées et coupées en gros morceaux
1 cuil. à café de beurre
1 cuil. à soupe de soda
de l'eau chaude pour couvrir
60g. de noix de coco rapée
8 cl d'eau
1 tranche de citron coupée en petits morceaux
180 g. de sucre
1 pincée de sel

Eplucher les patates douces et les couper en diagonales. Verser dessus le soda et ensuite assez d'eau chaude pour les recouvrir. Laisser tremper dans ce liquide pendant 5 minutes. Puis égoutter dans une passoire.

Dans une casserole, mélanger l'eau, le sucre, le sel, les patates douces et le citron. Faire bouillir et couvrir. Laisser cuire 10 minutes à feu moyen, retourner les patates douces et laisser cuire 10 minutes de plus découvert. Puis rajouter le beurre et la noix de coco.

* **SECRET DU CHEF:** On peut remplacer la noix de coco par un des ingrédients suivants: noix de muscade, orange, ananas, pomme, noix de pecan, noix ou raisins secs.

PATATES DOUCES SURPRISE

350g. de purée de patates douces
1 ou 2 marshmallows coupés en quatre
quelques cornflakes
1 pincée de noix de muscade ou de cannelle
1 cuil. à soupe de beurre fondu
1 pincée de sel
2 cuil. à soupe de raisins secs, ou de noix de pecan, d'ananas ou de noix de coco

Dans un bol, mélanger les patates douces, le sel, les épices, le beurre et les raisins et bien remuer. Partager la préparation en 4 portions. Faire un petit creux au centre de chaque boulette, et y mettre 1 marshmallow. Fermer partiellement, recouvrir de cornflakes en faisant bien attention de ne pas écraser la boulette. Mettre sur une plaque à gateaux et laisser au four chauffé à 180oC pendant 15 à 20 minutes.

* **SECRET DU CHEF:** On peut préparer cette recette à l'avance et garder les surprises au réfrigérateur jusqu'au moment de les consommer; en faire plus si on veut régaler ses invités.

DELICE DE PATATES DOUCES A L'ANANAS

350g. de patates douces, bouillies, épluchées, mises en purée
5 ou 6 marshmallows coupés en 4
1 cuil. à soupe de beurre fondu
1 pincée de sel et quelques pincées de noix de muscade
120g. d'ananas écrasé sans le jus

Préchauffer le four à 205oC. Mélanger les patates douces, le sel, le beurre et la noix de muscade. Mettre la préparation dans un plat bien beurré. Saupoudrer d'ananas écrasé et laisser au four pendant 20 minutes. Disposer les demi-marshmallows sur la préparation et remettre au four 5 minutes de plus.

* **SECRET DU CHEF:** On peut utiliser des raisins secs ou des noix à la place de l'ananas.

SOUPES

CRÈME DE CAROTTES

250g. de purée de carottes
3 cuil. à soupe de beurre
1/2 l. de bouillon de poulet
sel et poivre
persil haché
1/2 l. de lait
2 cuil. à soupe de farine

Faire fondre le beurre dans une casserole à fond épais. Y ajouter la farine et bien tourner jusqu'à complet amalgame. Ajouter le lait graduellement en remuant constamment jusqu'à ce que le mélange épaississe. Puis ajouter la purée de carottes et le bouillon. Assaisonner et servir chaud saupoudré de persil.

* **SECRET DU CHEF:** S'il y a trop de soupe, il est facile de la congeler.

SOUPE À L'OIGNON À LA FRANÇAISE

2 grands oignons blancs coupés en tranches fines
2 cuil. à soupe de beurre
1/2 l. de bon bouillon de boeuf ou de poulet
sel et poivre

Faire revenir les oignons dans le beurre jusqu'à ce qu'ils dorent en remuant constamment. Ajouter le bouillon et laisser mijoter 1/2 heure. Assaisonner et servir avec des croutons.

SOUPE DE FARA AUX LENTILLES

180g. de lentilles
1 l. d'eau
1/2 cuil. à café de sel
5 cl. d'huile d'olive
1/2 cuil. à café d'origan
1 branche de persil haché
60g. de vermicelles cuits selon les directives et égouttés

Laver les lentilles dans 3 ou 4 eaux et les mettre dans une casserole avec l'eau et faire bouillir pendant 30 minutes.

Dans une autre casserole, faire revenir l'oignon avec l'ail dans l'huile d'olive jusqu'à ce qu'ils deviennent tendres. Rajouter aux lentilles avec le sel et l'origan. Couvrir et laisser mijoter. Rajouter de l'eau si nécessaire. Puis ajouter les vermicelles. Servir tout de suite.

SALADES

SALADE BOUGEOIR

2 feuilles de laitue croquantes
2 grande moitiés d'ananas réfrigérées
1 banane coupée en deux
2 cerises au marasquin
2 cuil. à soupe de mayonnaise
2 cuil. à soupe de fromage rapé

Quand le dîner est presque prêt, placer une feuille de laitue dans une soucoupe avec une tranche d'ananas. Dans le trou du milieu de l'ananas placer la demi-banane debout. Verser un peu de mayonnaise sur le haut de la banane et saupoudrer de fromage rapé. Placer une cerise à l'extrémité de la banane en utilisant un cure-dent pour la maintenir en place. Cet arrangement doit ressembler à une bougie allumée. On peut utiliser cette idée pour tous les dîners de fête.

* **SECRET DU CHEF:** La laitue durera plus longtemps si on coupe les feuilles avec les doigts et non pas avec un couteau. Garder le restant de la salade dans un sachet en plastique au réfrigérateur. La laitue doit rester croquante.

SALADE CHAUDE D'OLIVES ET DE CHOU CRU

120g. de chou finement haché
1 piment finement haché
60g. d'olives bien mûres
3 cuil. à soupe d'huile
1 cuil. à café de sucre
1 jaune d'oeuf bien battu
2 cuil. à soupe d'eau
1/2 cuil. à café de raifort
3 cuil. à soupe de vinaigre
1/4 cuil. à café de moutarde
1 cuil. à soupe de lait en poudre
paprika, sel et poivre

Dans une casserole, mélanger l'huile, le vinaigre, le raifort, l'eau, la moutarde et le sucre. Mettre à bouillir et ajouter doucement le jaune d'oeuf et le lait (hors du feu).

Remettre à chauffer pendant 1 à 2 minutes en remuant constamment. Puis verser sur le chou, les olives et le piment. Assaisonner avec le sel, le poivre et le paprika.

* **SECRET DU CHEF:** Cette salade est délicieuse avec une viande cuite en barbecue. Envelopper le chou dans un torchon humide et mettre au frais jusqu'à ce que la salade soit prête à servir, cela lui donnera du croquant.

SALADE DE POMMES ET DE RAISINS SECS

1 pomme moyenne, épluchée et coupée en petits morceaux
1 branche de céleri coupée en petits morceaux
60g. de raisins secs
2 cuil. à soupe de mayonnaise

Mélanger tous les ingrédients dans un grand bol. Mettre au frais pendant une heure. Servir sur une feuille de laitue.

* **SECRET DU CHEF:** On peut ajouter aussi des carottes rapées.

SALADE DE HARICOTS ROUGES

120g. de haricots rouges cuits, rincés et égouttés
1/4 cuil. à café de moutarde
2 cuil. à soupe de mayonnaise
1 cuil. à soupe d'oignon haché finement
1 oeuf dur mimosa.
2 cuil. à café de câpres
1 cornichon haché menu
sel et poivre

Dans un bol, mélanger les haricots, le cornichon, les câpres, la moutarde, l'oignon et la salade. Bien mélanger et assaisonner. Mettre au frais. Faire deux parts sur des feuilles de laitue. Garnir avec l'oeuf et des zestes de citron.

PAINS

PAIN DE NOIX À LA BANANE

450g. de farine
2 cuil. à café de levure
1/4 cuil. à café de sel
120g. de beurre
180g. de sucre
350g. de bananes bien mûres écrasées
180g. de noix broyées (pecans ou noix)
5 cl. de lait
1/4 cuil. à soupe de bicarbonate
2 oeufs bien battus

Mélanger la farine, la levure, le bicarbonate et le sel et laisser de côté. Dans un autre bol, mélanger le beurre et le sucre jusqu'à ce que le mélange devienne crèmeux, y ajouter les oeufs, la banane et le lait et bien mélanger. Puis incorporer le mélange de farine et tourner jusqu'à ce que la pâte devienne bien lisse. Rajouter enfin les noix.

Verser la préparation dans un plat préalablement beurré et mettre au four Chauffé à 180oC pendant 1 heure.

* **SECRET DU CHEF:** Les bananes très mûres sont souvent en solde!.

* **SECRET DU CHEF:** On peut conserver le pain bien enveloppé jusqu'au lendemain. On peut également le congeler pour la prochaine occasion.

COUCHE-COUCHE

Spécialité de Louisiane:

1 dl. d'huile
225g. de farine de maïs
2 cuil. à soupe de farine de blé
1 cuil. à café de levure
1/2 cuil. à café de sel
2 cuil. à café de sucre
15cl. d'eau
1 dl. de lait
1 cuil. à soupe de beurre

Mélanger la farine de maïs, la farine de blé, la levure, le sel et le sucre. Ajouter l'eau petit à petit.

Dans une marmite épaisse mettre l'huile, la faire chauffer légèrement et rajouter la préparation. Couvrir hermétiquement et faire cuire à feu moyen pendant 5 minutes.

Découvrir et tourner, recouvrir et remettre à cuire à feu doux pendant 15 minutes en remuant de temps en temps. Ajouter ensuite le lait et le beurre. Couvrir pendant une minute ou deux.

Servir chaud avec du sirop de canne à sucre ou avec du lait frais.

* **SECRET DU CHEF:** Ce plat est un héritage des Indiens et il est passé aux Acadiens. Ce plat est excellent pour la santé.

GATEAU DE MAIS

225g. de farine de maïs
1/4l. d'eau bouillante
1/2 cuil. à café de sel
de l'huile pour la friture

Dans un bol, mélanger la farine de maïs et le sel.

Ajouter l'eau bouillante, et tourner vigoureusement jusqu'à ce qu'il n'y ait plus de grumeaux. Couvrir hermétiquement pendant 5 à 10 minutes, cela fera gonfler un peu la pâte.

Faire chauffer l'huile, prendre des petites portions avec les mains de façon à confectionner des petits gâteaux oblongs de 8mm d'épaisseur. Les faire frire des deux côtés jusqu'à ce qu'ils soient dorés.

* SECRET DU CHEF: Ces gâteaux de maïs sont délicieux pour des petits snacks et accompagnent très bien des plats de haricots verts ou d'autres légumes, surtout les chou bouillis.

DESSERTS

COMMENT SERVIR UN MELON

Une hôtesse du sud des Etats-Unis a reçu ce conseil du chef d'un grand restaurant: quand les pépins ont été retirés du melon, saupoudrer légèrement de sucre et laisser reposer jusqu'au moment de servir. Au moment où les invités mangent le melon, le sucre a été absorbé par la chair du fruit et le résultat est excellent!.

COMBINAISONS DIVERSES DE FRUITS

Tranches de pamplemousse et fraises fraîches
Tranches d'oranges et de pamplemousse et fruits rafraîchis
Tranches d'oranges et morceaux d'ananas
Tranches d'oranges et fraises
Tranches d'oranges et rondelles de banane au jus d'orange rafraîchis
Tranches d'oranges et raisin blanc ou noir

N'importe quelle combinaison ci-dessus peut être utilisée pour faire une compote ou servie sur une feuille de laitue avec une sauce de son goût.

morceaux d'ananas
demi poires fourrées de fromage blanc
grappes de raisin givrées

fleurs de radis
tranches de pomme glacées

pruneaux fourrés de fromage blanc
pomme épicée
demi-pèches fourrées
Kumquats

Choisir parmi les possibilités présentées ci-dessus pour confectionner salades ou compotes. Elles donnent de la couleur dans un buffet ou au centre d'une table.

MORCEAUX D'ANANAS À LA CRÈME FRAÎCHE

225g. de morceaux d'ananas
250g. de crème fraîche
1 pincée de noix de muscade

Mélanger les morceaux d'ananas avec la crème fraîche et mettre au frais avant de servir. Saupoudrer de noix de muscade.

BEIGNETS

225g. de farine
2 cuil.à café de levure
1/2 cuil. à café de sel
1dl. de lait
1 oeuf bien battu

Mélanger l'oeuf et le lait et ajouter la farine peu à peu, puis la levure et le sel. Bien battre la pâte.

Dans une poêle, jeter des cuillérées de pâte dans l'huile chaude, et laisser frire jusqu'à ce que les beignets prennent une teinte bien dorée. Essorer sur un papier bien absorbant. Faire environ 2 douzaines de beignets avec cette recette. Servir avec de la confiture, de la marmelade ou du sirop de canne.

* SECRET DU CHEF: Il est préférable pour la santé d'utiliser de la farine de germe de blé, ou de la farine de blé complet.

PUDDING DE FÊTE

Recette primée (6 personnes)

2 cuil. à soupe de sucre pour la meringue
1 pincée de noix de muscade
150 g. de cerises de marasquin égouttées et hachées
1 cuil. à café de vanille
1 cuil. à café de jus de citron frais pour la meringue
3/4 l. de lait
60 g. de riz
1/2 cuil. à café de sel
3 jaunes d'oeuf
3 blancs d'oeuf
120 g. de sucre

Mélanger le riz, le lait et le sel dans une petite casserole. Faire cuire à feu vif et quand le mélange atteint l'ébullition, réduire à feu très doux. Couvrir et faire cuire pendant 10 minutes. Laisser reposer 10 minutes pour refroidir.

Battre les jaunes d'oeuf jusqu'à ce qu'ils deviennent crémeux, puis ajouter le sucre et remuer jusqu'à absorbtion complète du sucre. Ajouter la vanille, les cerises et le riz. Bien mélanger. Verser dans un plat bien beurré. Mettre au four chauffé à 180o C pendant 30 minutes. Pendant que le pudding cuit, battre les blancs en neige très ferme, puis ajouter le jus de citron et le sucre. Napper le pudding avec la meringue. Remettre au four 2 ou 3 minutes de plus. Servir.

OREILLE DE COCHON

On appelle ainsi un beignet acadien à cause de sa forme qui ressemble à une oreille de cochon. Ma mère aimait nous régaler avec ces beignets, les jours de froid et de pluie. Ils sont très amusants à faire.

225g. de farine
1/4 cuil. à café de sel
7 cl. d'eau

Rajouter peu à peu l'eau et le sel à la farine et malaxer la pâte avec les mains. Puis avec un peu plus de farine, former des boules. Rouler ces boules de pâte en ronds fins comme du papier.

Les faire frire un par un dans de l'huile chaude en utilisant une longue cuillère de bois, pour les tremper dans l'huile et les y maintenir quelques secondes. Ces galettes frites ressemblent à des oreilles de cochon. Les napper du sirop dont la recette est ci-dessous.

* SECRET DU CHEF: Une autre version de l'oreille de cochon créole:

225g. de farine
1/4 cuil. à café de sel
2 cuil. à soupe de beurre fondu
1 oeuf bien battu

Mélanger les ingrédients, procéder comme ci-dessus et faire frire de la même façon. Recouvrir de sirop.

SIROP POUR LES OREILLES DE COCHON

1/4l. de sirop de canne
60g. de sucre
1pincée de sel
1 cuil. à café de beurre

Faire bouillir le sucre, le sirop et le sel à feu moyen, en tournant constamment. Retirer la casserole du feu et tester dans un peu d'eau. La cuisson est à point si on est au stade du boulé. Ajouter alors le beurre et recouvrir les oreilles de cochon avec le sirop obtenu.

* SECRET DU CHEF: S'il reste un peu de sirop, ajouter un peu d'eau et de sucre et faire des patates douces enrobées de sucre. Voir la recette ci-dessus.

GÂTEAU AU SIROP

120g. de beurre
120g. de sucre brun
2 oeufs
1dl. de lait
1/2 cuil. à café de noix de muscade
1/2 cuil. à café de gingembre ou de zeste d'orange
1 cuil. à soupe de vinaigre
570g. de farine
1/4 l. de sirop de canne
3 cuil. à café de levure
1 cuil. à café de cannelle
1/2 cuil. à café de soda

Battre en crème le beurre et le sucre, y ajouter les oeufs, le zeste d'orange et bien mélanger. Peu à peu, ajouter alternativement le lait et le sirop en terminant par le mélange farine, levure,noix de muscade et gingembre. Mélanger ensuite le vinaigre et le soda. Incorporer au mélange. Verser de l'huile dans un plat , placer une feuille de papier sulfurisé et bien presser.puis retourner rapidement la feuille de papier et y verser la pâte du gâteau. Cuire au four à 190oC pendant environ 45 minutes.

Meilleur servi chaud. Ma mère servait habituellement ce gâteau comme dessert le vendredi après un repas de poisson.

* **SECRET DU CHEF:** On peut ajouter des raisins secs ou des noix de pecan à ce gâteau avant de le faire cuire.

RECETTE DE BASE POUR TARTE AUX FRUITS

En Louisiane, nous faisons ces tartes avec des confitures de myrtilles, de poires ou de figues.

2 grosses cuil. à soupe de beurre
285g. de sucre
2 oeufs bien battus
1 cuil. à café de vanille
7cl. de lait
850g. de farine
3 cuil. à café de levure
1/2 cuil. à café de sel

Mélanger ensemble la farine la levure et le sel. Battre le beurre en crème avec le sucre et la vanille. Rajouter les oeufs et battre énergiquement. Ajouter la farine et le lait alternativement, en terminant par la farine. Mettre la pâte au frais.

Mettre la pâte sur une surface légèrement farinée. Ecraser avec la paume de la main en donnant une vingtaine de coups. Utiliser 2 feuilles de papier sulfurisé pour travailler.

Partager la pâte en deux parts. La rouler en deux surfaces rondes de 1cm d'épaisseur, y étendre la confiture à l'aide d'une cuillère sur la moitié de la surface. replier en deux et fermer en appuyant sur les bords avec une fourchette. Placer sur un plat à gâteaux et mettre au four pendant environ 15 minutes.

* **SECRET DU CHEF:** Quand je fais cuire des tartes ou des petits gâteaux, je mets toujours du papier sulfurisé et du beurre sur la plaque à gâteaux car les pâtisseries ont une fâcheuse tendance à brûler.

* **SECRET DU CHEF:** A part les confitures de fruits rouges, de figues ou de poires, on peut utiliser la confiture de son choix ou de la crème de noix de coco. La pâte peut également servir à faire des petits gâteaux.

GÂTEAU ROUGE POUR LES FÊTES

(peut être fait à l'occasion de Noël, de la Nouvelle Année ou de la Saint Valentin)

120g. de beurre
225g. de sucre
2 oeufs bien battus
1 cuil. à café de vanille
500g. de farine
1/2 cuil. à café de sel
225g. de babeurre
2 grosses cuil. à soupe de chocolat en poudre
5cl de colorant rouge
1 cuil. à soupe de soda
1 cuil. à soupe de vinaigre

Préchauffer le four à 190oC. Beurrer deux plats à gâteaux. Mélanger le beurre, le sucre et la vanille et battre vigoureusement jusqu'à ce que le mélange soit crémeux. Ajouter les oeufs, puis la farine, le sel et le babeurre alternativement. Battre la pâte jusqu'à ce qu'elle devienne lisse.
Dans une tasse, mélanger le chocolat et le colorant et ajouter à la préparation. Ajouter le soda au vinaigre (le mélange va mousser) et rapidement l'incorporer à la pâte. Verser dans les moules et mettre au four pendant 30 à 35 minutes, jusqu'à ce que la surface des gâteaux remonte bien quand on la presse du bout du doigt. Laisser refroidir dans le moule. Retourner. Couper les gâteaux en deux de façon à obtenir 4 morceaux. Glacer avec la crème patissière.

CRÈME PATISSIÈRE

Mélanger 1/4l. de lait avec 3 cuil. à soupe de farine. Faire cuire à feu doux en tournant sans arrêt jusqu'à ce que la sauce devienne lisse et épaisse. Laisser refroidir. Mélanger 225g. de sucre et 225g. de margarine. Battre jusqu'à ce que toutes les granulés du sucre soient totalement absorbées et ajouter peu à peu à la première préparation. Battre jusqu'à obtenir la consistance de la crème Chantilly. Napper le gâteau.

* **SECRET DU CHEF:** La recette de ce gâteau peut servir pour faire un gâteau à la diable en omettant le colorant rouge.

LAGNIAPPE

(Mot cajun désignant un petit cadeau offert par le commerçant lors d'un achat)

ROUX

Un roux est préparé à l'avance pour des sauces, et des gumbos.

1/4l. d. huile **225g. de farine**

Dans une casserole à fond épais, mettre l'huile à chauffer à feu moyen. Ajouter la farine et tourner vigoureusement jusqu'à ce qu'elle prenne une teinte brun doré. Cela doit prendre environ 20 minutes (mais ne pas en tenir compte absolument).

Quand on atteint cette belle teinte de brun-roux, enlever la casserole du feu en continuant à tourner. Quand la cuisson semble achevée, il faut se hâter de mettre le roux dans le récipient dans lequel on veut le garder.

Le garder pour une utilisation future. Il peut être conservé au réfrigérateur pendant des semaines, et même des mois.

* **SECRET DU CHEF:** Quand on l'ajoute à des sauces ou à un gumbo, il y aura un excédent de graisse à retirer. Faire cuire les oignons jusqu'à ce qu'ils soient tendres, y ajouter le roux dont on a besoin et ensuite les autres ingrédients afin d'améliorer la consistance, la saveur et la couleur.

PAIN PERDU

4 tranches de pain rassis
1 oeuf
2 cuil. à soupe de sucre
quelques pincées de noix de muscade, ou de cannelle ou extrait de vanille
5 cl. de lait

Dans un petit bol, battre le sucre et l'oeuf jusqu'à ce que le mélange devienne crémeux et que tous les grains de sucre soient dissous. Ajouter le lait et bien mélanger. Puis ajouter la noix de muscade ou un autre parfum. Tremper chaque tranche de pain dans cette préparation, des deux côtés. Faire très RAPIDEMENT cette opération, s'il reste un peu de cette sauce verser le reste sur le pain.

Beurrer une grande poêle et à feu moyen faire cuire les tranches de pain jusqu'à ce qu'elles deviennent dorées de chaque côté.

Ce pain perdu est délicieux avec soit du café au lait, soit de la confiture, soit du bacon, soit des saucisses.

* **SECRET DU CHEF:** Pour prendre un petit déjeuner rapide, on peut le préparer la nuit précédente et le garder la nuit couvert au réfrigérateur. Puis on fait cuire seulement ce dont on a besoin.

CAFE AU LAIT

1cuil. à soupe de sucre
1/4l. de lait
5cl. d'eau

Dans une casserole, faire cuire le sucre à feu moyen jusqu'à ce qu'il devienne brun, remuer la casserole, mais ne pas tourner avec une cuillère. Ajouter l'eau et laisser cuire jusqu'à obtenir un sirop, puis ajouter le lait. Servir chaud avec du café pour le petit déjeuner.

* SECRET DU CHEF: Dans le quartier français de la Nouvelle-Orléans on accompagne le lait chaud de beignets ou d'oreilles de cochon (voir la recette ci-dessus), et aussi de toasts et de confiture ou de sandwichs au beurre de cacahuettes. Doubler la recette si on en veut plus.

SAUCE BARBECUE 2 DANS 1 DE MARGARET

3 tasses d'huile
1 bouteille de catsup de 14 oz.
1/3 de tasse de sauce Worcestershire
1 cuil. soupe de pelures de citron coupées
1 cuil. café de sel
4 tasses d'oignons (ou 6 oignons moyens finement coupés)
2 cuil. à café de moutarde préparée
1 cuil. à soupe de citron avec 1 cuil. à soupe de vinaigre de cidre
3 cuil. à café de miel (fera luire le poulet ou les viandes)

Verser l'huile dans une casserole, ajouter les oignons coupés et faire cuire à feu doux pendant 15 minutes. Remuer de temps en temps, ou jusqu'à ce que les oignons soient bien sautés. Verser une bouteille de catsup et laisser mijoter pendant 5 minutes encore.
Dans une tasse, combiner la moutarde, la sauce Worcestershire, le jus de citron et la pelure, le vinaigre, le sel et le miel, et ajouter à la mixture d'oignons cuits. Faire cuire pendant 10 minutes encore.

*petit guide de cuisson: définition de 2 dans 1.

1) mettre la sauce barbecue de côté jusqu'à ce que l'huile assaisonnée s'immobilise au-dessus (à utiliser pour badigeonner le poulet lors d'un barbecue)
2) la sauce à l'oignon doit être mangée avec du pain français à l'ail

POULET BARBECUE D'ABBIE

Enduire le poulet avec l'huile mentionnée ci-dessus et placer sur un grill graissé. Tourner le poulet de coté à chaque 15 ou 20 minutes et badigeonner le poulet à chaque fois.

*petit guide de cuisson: Abbie conseille de se servir d'assiettes en papier, etc... et surtout d'être soi-même, de se relaxer et de s'amuser.

truc: pour accélérer la préparation de la sauce et pour tout rapidement nettoyer quand tout est fini, placer tous les ingrédients sur un plateau devant vous, à votre gauche. N.B. Tous les ingrédients, au début de la préparation seront à votre droite. Une fois utilisés, vous les déposerez sur le plateau à gauche. Ainsi, s'il y a interruption du travail, vous n'oublierez pas quel ingrédient a été utilisé, et lequel ne l'a pas été.

CARTE DES RECETTES

POISSON OU FRUITS DE MER

VOLAILLE

PORC, AGNEAU, JAMBON, ET SAUCES D'ACCOMPAGNEMENT

COMBINATION DE VIANDES ET DE LÉGUMES COMME PLAT PRINCIPAL

ACCOMODER LES RESTES

LÉGUMES

HARICOTS

BROCCOLI

CHOUX

CAROTTES

CHOUX-FLEUR

MAÏS

AUBERGINES

LÉGUMES VERTS

OKRA

POMMES DE TERRE

CITROUILLE

COURGETTES

PATATES DOUCES

SOUPES

SALADES

PAINS

DESSERTS

LAGNIAPPE

LAISSEZ LE BON TEMPS ROULER EN LOUISIANE!

Image traditionnelle du cœur de l'Amérique: un bateau à aubes sur le Mississipi, la grande voie de communication de la jeune Amérique. Ici à La Nouvelle Orléans.